全国普法学习读本
★ ★ ★ ★ ★

U0460715

农业与土地开发法律法规学习读本

# 土地开发法律法规

李 勇 主编

加大全民普法力度，建设社会主义法治文化，树立宪法法律
至上、法律面前人人平等的法治理念。

—— 中国共产党第十九次全国代表大会《决胜全面建
成小康社会 夺取新时代中国特色社会主义伟大胜利》

汕头大学出版社

## 图书在版编目（CIP）数据

土地开发法律法规／李勇主编. -- 汕头：汕头大学出版社（2021.7重印）

（农业与土地开发法律法规学习读本）

ISBN 978-7-5658-3672-5

Ⅰ.①土… Ⅱ.①李… Ⅲ.①土地开发-土地管理法-基本知识-中国 Ⅳ.①D922.304

中国版本图书馆 CIP 数据核字（2018）第 143252 号

---

土地开发法律法规　　　　　　　TUDI KAIFA FALÜ FAGUI

主　　编：李　勇

责任编辑：邹　峰

责任技编：黄东生

封面设计：大华文苑

出版发行：汕头大学出版社

　　　　　广东省汕头市大学路 243 号汕头大学校园内　邮政编码：515063

电　　话：0754-82904613

印　　刷：三河市南阳印刷有限公司

开　　本：690mm×960mm 1/16

印　　张：18

字　　数：226 千字

版　　次：2018 年 7 月第 1 版

印　　次：2021 年 7 月第 2 次印刷

定　　价：59.60 元（全 2 册）

ISBN 978-7-5658-3672-5

---

# 前　言

习近平总书记指出："推进全民守法，必须着力增强全民法治观念。要坚持把全民普法和守法作为依法治国的长期基础性工作，采取有力措施加强法制宣传教育。要坚持法治教育从娃娃抓起，把法治教育纳入国民教育体系和精神文明创建内容，由易到难、循序渐进不断增强青少年的规则意识。要健全公民和组织守法信用记录，完善守法诚信褒奖机制和违法失信行为惩戒机制，形成守法光荣、违法可耻的社会氛围，使遵法守法成为全体人民共同追求和自觉行动。"

中共中央、国务院曾经转发了中央宣传部、司法部关于在公民中开展法治宣传教育的规划，并发出通知，要求各地区各部门结合实际认真贯彻执行。通知指出，全民普法和守法是依法治国的长期基础性工作。深入开展法治宣传教育，是全面建成小康社会和新农村的重要保障。

普法规划指出：各地区各部门要根据实际需要，从不同群体的特点出发，因地制宜开展有特色的法治宣传教育坚持集中法治宣传教育与经常性法治宣传教育相结合，深化法律进机关、进乡村、进社区、进学校、进企业、进单位的"法律六进"主题活动，完善工作标准，建立长效机制。

特别是农业、农村和农民问题，始终是关系党和人民事业发展的全局性和根本性问题。党中央、国务院发布的《关于推进社会主义新农村建设的若干意见》中明确提出要"加强农村法制建设，深入开展农村普法教育，增强农民的法制观念，提高农民依法行使权利和履行义务的自觉性。"多年普法实践证明，普及法律知识，提高法制观念，增强全社会依法办事意识具有重要作用。特别是在广大农村进行普法教育，是提高全民法律素质的需要。

多年来，我国在农村实行的改革开放取得了极大成功，农村发生了翻天覆地的变化，广大农民生活水平大大得到了提高。但是，由于历史和社会等原因，现阶段我国一些地区农民文化素质还不高，不学法、不懂法、不守法现象虽然较原来有所改变，但仍有相当一部分群众的法制观念仍很淡化，不懂、不愿借助法律来保护自身权益，这就极易受到不法的侵害，或极易进行违法犯罪活动，严重阻碍了全面建成小康社会和新农村步伐。

为此，根据党和政府的指示精神以及普法规划，特别是根据广大农村农民的现状，在有关部门和专家的指导下，特别编辑了这套《全国普法学习读本》。主要包括了广大人民群众应知应懂、实际实用的法律法规。为了辅导学习，附录还收入了相应法律法规的条例准则、实施细则、解读解答、案例分析等；同时为了突出法律法规的实际实用特点，兼顾地方性和特殊性，附录还收入了部分某些地方性法律法规以及非法律法规的政策文件、管理制度、应用表格等内容，拓展了本书的知识范围，使法律法规更"接地气"，便于读者学习掌握和实际应用。

在众多法律法规中，我们通过甄别，淘汰了废止的，精选了最新的、权威的和全面的。但有部分法律法规有些条款不适应当下情况了，却没有颁布新的，我们又不能擅自改动，只得保留原有条款，但附录却有相应的补充修改意见或通知等。众多法律法规根据不同内容和受众特点，经过归类组合，优化配套。整套普法读本非常全面系统，具有很强的学习性、实用性和指导性，非常适合用于广大农村和城乡普法学习教育与实践指导。总之，是全国全民普法的良好读本。

# 目　录

## 全国土地整治开发法律法规

## 土地复垦条例

# 土地复垦条例实施办法

# 实物地质资料管理办法

# 全国土地整治开发法律法规

## 全国土地整治规划

国土资源部　国家发展和改革委员会
关于印发《全国土地整治规划（2016—2020 年）》的通知
国土资发〔2017〕2 号

各省、自治区、直辖市人民政府，新疆生产建设兵团，
国务院有关部委、直属机构：

《全国土地整治规划（2016—2020 年）》（以下简
称《规划》）已经国务院批复。现将《国务院关于全国
土地整治规划（2016—2020 年）的批复》（国函〔2016〕
209 号）和《规划》印发给你们，请认真贯彻落实。

国土资源部　国家发展和改革委员会
2017 年 1 月 10 日

# 前　言

深入贯彻党中央、国务院的战略部署，紧密围绕全面建成小康社会新的目标要求，坚持创新、协调、绿色、开放、共享的发展理念，落实最严格的耕地保护制度和最严格的节约用地制度，规范有序推进土地整治，促进"五化"同步发展，依据《土地管理法》，遵循《国民经济和社会发展第十三个五年规划纲要》和《全国土地利用总体规划纲要（2006～2020年）》，编制《全国土地整治规划（2016～2020年）》（以下简称《规划》）。

《规划》提出未来五年国家土地整治战略部署，确定土地整治的指导思想、基本原则、目标任务和方针政策，统筹安排各项土地整治活动和高标准农田建设任务，明确土地整治重点区域和重大工程，提出规划实施保障措施。《规划》是开展土地整治活动的基本依据和行动指南。

《规划》以2015年为基期，2020年为规划目标年。规划范围未包括香港特别行政区、澳门特别行政区和台湾省。

## 第一章　土地整治面临的形势

### 第一节　"十二五"土地整治工作成效

"十二五"时期，各地各部门全面贯彻落实党中央、国务院关于加强土地管理的一系列重要决策部署，依据《全国土地整治规划（2011～2015年）》，密切配合、上下联动，大力推进土地整治，加强高标准农田建设，全面完成了"十二五"时期各项土地整治目标任务，在促进耕地保护和节约集约用地、推动城乡统筹发展和生态文明建设中发挥了不可替代的作用；同时，逐步形成了规划体系健全、建设标准完备、资金保障到位、产权保护有力、监测监管全覆盖、队伍支撑可靠的工作格局，为规范有序开展土地整治奠定了坚实基础。

——大规模开展高标准农田建设，巩固了国家粮食安全基础。2011 年以来，按照"划得准、调得开、建得好、保得住"的要求，大力开展高标准农田建设取得了较好成效。全国整理农用地 5.3 亿亩，建成高标准农田 4.03 亿亩。补充耕地 2767 万亩，其中，土地开发补充耕地 822 万亩，土地整理、土地复垦补充耕地 1755 万亩，增减挂钩补充耕地 190 万亩，新增耕地面积超过同期建设占用和自然灾害损毁的耕地面积，保证了全国耕地数量基本稳定；补充耕地 70% 来源于土地整理复垦，土壤熟化程度较高。据统计，经整治后的耕地质量平均提高 1 个等级、亩产平均提高 10%~20%，提高了耕地生产能力，新增粮食产能 373.68 亿公斤。同时，通过土地整理复垦，大量零碎、分散的土地得到适当归并，农业基础设施配套建设得到加强，提高了机械化耕作水平和排灌抗灾能力，降低了农业生产成本，增加了农民收入水平。通过土地整治，保障了规划期间耕地数量基本稳定、质量有提高，对"十二五"期间的连年增产发挥了重要作用。

——调整优化土地利用结构布局，提高了土地综合承载能力。"十二五"期间，通过开展城乡建设用地增减挂钩、工矿废弃地复垦利用、城镇低效用地再开发等，全国共整理农村闲置、散乱、粗放建设用地 233.7 万亩，复垦历史遗留工矿废弃地

936.6万亩，改造开发城镇低效用地150万亩，优化了城乡用地结构和布局，促进了节约集约用地，整理复垦后土地利用率提高9.83%，为新型城镇化和县域经济发展拓展了空间。

——带动农村投入和农民就业，促进了农民增收、农业增效和农村发展。"十二五"期间，各地土地整治累积投入资金5500多亿元，农民参加土地整治劳务所得合计超过1100亿元，惠及1.01亿农民，项目区农民人均新增年收入900多元。通过开展增减挂钩，投入农村资金6000亿元，加大对农村散乱、闲置、低效建设用地整理，改善了农村人居环境，促进了美丽乡村建设。同时，支持贫困地区开展土地整治，100个国家扶贫开发工作重点县被纳入全国500个高标准农田建设示范县范围，有效引导土地整治项目和资金向贫困地区倾斜，推动老、少、边、穷地区农村脱贫致富。

——加大土地生态环境整治，促进了生态文明建设。"十二五"期间，开展农用地整理，加强农田基础设施建设，建成田间道路886.8万公里，修建排灌沟渠867.4万公里，种植农田生态防护林1.1亿株；采取工程、生物等措施，开展沙化、盐碱化和石漠化等土地治理，治理水土流失面积413万亩；加大工矿废弃地复垦和矿山生态环境治理，"十二五"期间土地复垦率提高了12.5%。全国通过土地整治修复和保护生态系统，基本实现了生态安全和粮食安全有机结合，有效促进了生态环境质量提升。

——加强土地整治基础能力建设，形成了良好工作格局。建立健全土地整治工作机制；修订完善了土地整治专项资金管理政策措施、建立完善了土地整治监测监管体系、加快土地整治技术标准体系建设；加强土地整治机构队伍建设，基本建立了国家-省-市-县四级土地整治机构，为土地整治事业发展提供了强有力的支撑。

## 第二节 "十三五"时期面临形势

"十三五"时期是全面建成小康社会的决胜阶段，经济长期向好基本面没有改变，但土地资源的基本国情没有根本改变，资源约束趋紧趋势未得到根本扭转。党中央、国务院明确要求坚持最严格的耕地保护制度，坚守耕地红线，实施藏粮于地战略；坚持最严格的节约用地制度，调整优化建设用地结构布局，推动城乡区域协调发展；坚持保护环境的基本国策，划定并严守生态保护红线，筑牢生态安全屏障，促进人与自然和谐共生。面对新形势新要求，必须用新的发展理念全面推进土地整治，切实发挥土地整治的综合效益。

——推进农业现代化，要求加强耕地数量保护和质量建设。耕地是保障国家粮食安全的资源基础。随着"五化"同步加快推进，"十三五"期间因生态退耕、农业结构调整、建设占用等预计耕地面积将减少 7000 多万亩。同时，我国耕地后备资源总面积约 8000 万亩，其中集中连片的耕地后备资源仅 2800 多万亩，中低等耕地比例达 70%，有灌溉条件的耕地只占 51.5%，耕地数量质量现状与推进农业现代化的要求存在较大差距。因此，必须大力推进土地整治，努力补充优质耕地，加强基本农田建设，全面提升耕地质量，提高粮食产能，切实落实藏粮于地战略。

——推进新型城镇化，要求提高土地利用效率和优化用地结构布局。城镇化是现代化必由之路，十八届五中全会明确提出要推进以人为核心的新型城镇化。到 2020 年我国户籍人口城镇化率将达到 45% 左右，每年将有 1600 多万人进城落户，同时协同推进四大板块、实施三大战略，需要提供建设用地保障，预计"十三五"期间全国新增建设用地需求达到 3200 多万亩；为了确保国家粮食安全、筑牢生态安全屏障，需要划定农业空间和生态保护红线，土地供需矛盾将进一步凸显，传统粗放利用土地资源的方式不可持续。适应新型城镇化和经济社会发展新特点，亟需加大盘活存量建设用地，节约集约用地，以较少的土地资源消耗支撑经济社会可持续发展。

——推进新农村建设，要求加大农村人居环境整治和改善农村生产生活条件。当前我国农村居民点布局散、乱、空现象比较普遍，农田细碎化比较严重，全国农村居民点 270 万个，占地面积为 2.87 亿亩，农村人口人均居民点用地达到 317 平方米，农村地区教育、医疗、卫生等公共服务设施和基础设施十分薄弱。十八届五中全会提出要开展农村人居环境整治，加强农村基础设施建设，促进城乡公共资源均衡配置；到 2020 年，我国现行标准下农村贫困人口实现脱贫。必须适应新农村建设要求，大力推进农村土地综合整治，着力改善农业生产条件和农村人居环境，促进美丽宜居乡村建设；按照精准扶贫、精准脱贫的要求，采取超常规政策措施，全力助推脱贫攻坚。

——推进生态文明建设，要求加强土地生态保护和修复。我国生态文明建设水平总体上仍滞后于经济社会发展，自然生态系统脆弱，土地退化和污染严重，资源环境承载能力面临巨大压力。全国水土流失面积和荒漠化土地面积约占陆地国土面积31%和30%，耕地退化面积占耕地总量40%以上，据研究，每年因自然灾害和生产建设活动损毁土地约400万亩。要按照生态文明建设要求，开展山水林田湖综合整治，推进荒漠化、石漠化、水土流失综合治理，开展损毁土地复垦，加强土地生态建设和保护，不得造成森林、草原损害和生态破坏，推动形成绿色发展方式和绿色生活方式。

——推进依法治国，要求加强土地整治法治建设。中央明确提出要坚持依法治国，建设社会主义法治国家。目前，土地整治法律法规建设总体滞后于发展需要，影响了土地整治事业健康发展。必须按照"科学立法、严格执法、公正司法、全民守法"的要求，加快推进土地整治法制化建设，尽快推动制定土地整治条例等法律法规，建立完善土地整治规章制度，保障土地整治工作依法依规开展。

## 第二章　指导思想与主要目标

### 第三节　指导思想

指导思想：全面贯彻落实党的十八大和十八届三中、四中、五中、六中全会精神，深入贯彻习近平总书记系列重要讲话精神和治国理政新理念新思想新战略，紧紧围绕统筹推进"五位一体"总体布局和协调推进"四个全面"战略布局，牢固树立创新、协调、绿色、开放、共享的发展理念，按照党中央、国务院决策部署，坚持最严格的耕地保护制度和最严格的节约用地制度，实施藏粮于地和节约优先战略，以提升粮食产能为目标，大力推进农用地整理和高标准农田建设，夯实农业现代化基础；以促进城乡统筹发展为导向，大力推进城乡散乱、闲置、低效建设用地整理，推动美丽宜居乡村建设和新型城镇化发展；以精准扶贫、精准脱贫为要求，大力推进贫困地区土地综合整治，加大政策、项目、资金支持，助力脱贫攻坚；以保护生态环境为前提，大力推进废弃、退化、污染、损毁土地的治理、改良和修复，促进土地资源永续利用。

土地整治遵循以下基本原则：

——坚守耕地红线。围绕落实国家粮食安全战略，坚持最严格的耕地保护制度，以大规模建设高标准农田为重点，合理安排土地整治重点区域和重大工程，全面划定永久基本农田，大规模推进土地整治、中低产田改造和高标准农田建设，确保耕地数量和质量有提升，夯实农业现代化和粮食安全基础。

——促进城乡统筹。坚持区域协同、城乡一体，以节约集约用地为核心，统筹安排农村建设用地整理、城乡建设用地增减挂钩、工矿废弃地复垦利用、城镇低效用地再开发等活动，调整优化城乡建设用地结构布局，促进土地要素在城乡间有序流转，助推一二三产业融合发展，推进城乡基本公共服务均等化，促进新型城镇化发展和美丽乡村建设。

——加强生态保护。落实生态文明建设要求，实施山水林田湖综合整治，加强生态环境保护和修复，坚持保护优先、自然修复为主，加强对水土流失、石漠化、沙化等严重的环境敏感区、脆弱区土地生态环境整治，提高土地生态服务功能，筑牢生态安全屏障。

——维护群众权益。坚持农民主体地位，尊重农民意愿，保障农民的知情权、参与权、监督权和受益权，切实维护农村集体经济组织和农民合法权益；坚持工业反哺农业、城市支持农村，加大新增建设用地土地有偿使用费、耕地开垦费和增减挂钩收益对农村的投入，鼓励社会资本投向农村，改善农民生产生活条件，保证农民共享工业化、城镇化发展成果。

——坚持政府主导。坚持政府主导、国土搭台、部门协同、上下联动、公众参与的工作机制，加强政府的组织领导，强化部门合作，有效发挥整体联动的综合效应；建立健全激励机制，充分调动社会各方和农民的积极性、主动性，推进土地综合整治。

——坚持因地制宜。立足地方经济社会发展水平，顺应人民群众改善生产生活条件的期待，统筹安排、突出重点、循序渐进推进各项土地整治活动，避免不顾实际大拆大建，增加人民生活负担。

## 第四节　规划目标

根据《国民经济和社会发展第十三个五年规划纲要》、《全国主体功能区规划（2011～2020 年）》、《全国土地利用总体规划纲要（2006～2020 年）》、《国家新型城镇化规划（2014～2020 年）》、《全国高标准农田建设总体规划（2011～2020 年）》和《国土资源"十三五"规划纲要》等，提出规划期土地整治的主要目标：

——高标准农田建设加快推进。落实藏粮于地战略，积极推进高标准农田建设，确保"高标准建设、高标准管护、高标准利用"。在"十二五"期间建成 4 亿亩高标准农田的基础上，"十三五"时期全国共同确保建成 4 亿亩、力争建成 6 亿亩高标准农田，其中通过土地整治建成 2.3~3.1 亿亩，经整治的基本农田质量平均提高 1 个等级，国家粮食安全基础更加巩固。

——耕地数量质量保护全面提升。落实最严格的耕地保护制度，努力补充优质耕地，加强耕地质量建设。通过土地整治补充耕地 2000 万亩，其中农用地整理补充耕地 900 万亩，损毁土地复垦补充耕地 360 万亩，宜耕未利用地开发补充耕地 510 万亩，农村建设用地整理补充耕地 230 万亩；通过农用地整理改造中低等耕地 2 亿亩左右，开展农田基础设施建设，建成排灌渠道 900 万公里，建成田间道路 600 万公里，耕地保护基础更加牢固。

——城乡建设用地整理取得积极成效。落实最严格的节约用地制度，稳妥规范推进城乡建设用地整理。有序开展城乡建设用地增减挂钩，整理农村建设用地 600 万亩，城乡土地利用格局不断优化，土地利用效率明显提高；稳步推进城镇建设用地整理，改造开发 600 万亩城镇低效用地，促进单位国内生产总值的建设用地使用面积降低 20%，节约集约用地水平进一步提高。

——土地复垦和土地生态整治力度加大。落实生态文明建设要求，切实加强土地修复和土地生态建设。按照宜耕则耕、宜林则林、宜草则草的原则，生产建设活动新损毁土地全面复垦，自然灾害损毁土地及时复垦，大力推进历史遗留损毁土地复垦，复垦率达到 45% 以上，努力做到"快还旧账、不欠新账"；积极开展土地生态整治，加强农田生态建设，土地资源得到合理利用，生态环境得到明显改善。

——土地整治制度和能力建设进一步加强。落实全面依法治国战略，大力加强土地整治法律制度和基础能力建设。推动制定土地整治条例，完善土地整治规章制度，土地整治制度机制更加健全；加强技术规范标准和人才队伍建设，技术标准体系和人才队伍结构更加完善合理，基础能力明显增强，支撑作用更加有力。

专栏1  "十三五"全国土地整治规划控制指标

| 指　标 | 2020 年 |
|---|---|
| 高标准农田建设规模 * | 4~6 亿亩 |
| 经整治的耕地质量提高程度 | 1 个等级 |
| 补充耕地总量 | 2000 万亩 |
| 农用地整理补充耕地 | 900 万亩 |
| 土地复垦补充耕地 | 360 万亩 |
| 宜耕未利用地开发补充耕地 | 510 万亩 |
| 农村建设用地整理补充耕地 | 230 万亩 |
| 农村建设用地整理规模 | 600 万亩 |
| 城镇低效用地再开发规模 | 600 万亩 |

*以土地整治为平台，各有关部门共同投入、共同建设

# 第三章　实施藏粮于地战略
## 大力推进农用地整理

坚守耕地保护红线，全面划定永久基本农田，大规模开展农用地整理，加快推进高标准农田建设，加强耕地数量质量保护，改善农田生态环境，夯实农业现代化基础，落实藏粮于地战略。

# 第五节　加快推进高标准农田建设

大规模建设高标准农田。建立完善农业灌溉水源、灌溉输配水和排水等水利保障体系，整合完善建设规划，统一建设标准、统一监管考核、统一上图入库，"十三五"时期确保全国建成 4 亿亩、力争建成 6 亿亩高标准农田，全国基本农田整治率达到 60%。积极实施粮食主产区、东北黑土区、黄河故道淤泛区基本农田整治工程和西部生态建设区土地整治工程。加大粮食生产功能区和大豆、棉花、油料、糖料蔗等重要农产品生产保护区高标准农田建设，改善农业基础设施条件，提高农用地质量；加大革命老区、贫困地区高标准农田建设，改善农业生产条件，提高农民生活水平。

## 专栏 2　基本农田整治重大工程

粮食主产区基本农田整治工程：以高标准农田建设为重点，大力实施山水林田湖综合整治，完善农田基础设施，增强防洪、排涝等抵御自然灾害的能力，全面提高农田质量、增加有效耕地面积、改善生态环境。涉及 13 个粮食主产省和山西、海南、云南、陕西共 17 个省 602 个县（市、区）。通过工程实施，增加有效耕地面积约 221 万亩，提高耕地质量 1 个等级。工程总投资约需 536 亿元。

西部生态建设地区农田整治工程：围绕筑牢生态安全屏障的要求，加大农用地整理力度，加强农田基础设施建设和生态保护修复，提高耕地质量，改善生产条件，全面提升农田生态系统稳定性和生态服务功能。涉及 11 个省（区、市）的 131 个县（市、区）。通过工程实施，增加有效耕地面积约 57 万亩，荒漠化和石漠化土地、水土流失治理面积达到 148 万亩，提高西部地区人均粮食产量，增加农民收入。工程总投资约需 157 亿元。

> 集中连片特殊困难地区土地整治工程：按照解决贫困地区的口粮田、生态环境脆弱、地质灾害频发问题的要求，根据集中连片特殊困难地区耕地情况、水土平衡情况、空间分布规律等，结合各地区的经济社会状况，分区域、分类型开展土地整治，改善土壤及耕种条件，完善农田基础设施，提高耕地质量，增强抵御自然灾害的能力，增加粮食产能。涉及 21 个省（区、市）680 个县（市、区），工程建设规模为 1000 万亩，增加有效耕地面积约 77 万亩，总投资约需 300 亿元。

优化基本农田结构布局。依据土地利用总体规划，按照现代农业发展要求，调整优化农田结构布局，形成集中连片、设施配套的基本农田格局。粮食主产区，将高标准农田建设与新农村建设相结合，引导农民适度集中居住，推进田水路林村综合整治，建成规模成片的高标准农田，促进农业适度规模经营；城市近郊区，加强优质耕地特别是菜地建设和保护，强化农田景观和绿隔功能，促进现代都市农业和休闲农业发展；生态脆弱区，着力提升耕地生态功能，建成集水土保持、生态涵养、特色农产品生产于一体的生态型基本农田；交通、水利等重大基础设施沿线，加大损毁耕地整理复垦，与周边耕地连片配套建设，提高土地利用效率，改善农田生态景观。

完善基本农田基础设施。开展土地平整归并，实现田块集中连片，降低基础设施占地率，增加农田耕作层厚度。加强灌溉水源、农田水利设施建设，配套建设机井、农田排灌等设施，增加有效灌溉面积，大力发展高效节水灌溉，提高灌溉保证率和用水效率。完善田间道路，提高道路通达度和荷载标准，满足农业机械通行要求。加强农田防护工程建设，提高农田防御风蚀能力，减少水土流失，改善农田生态环境。完善农田电网，配备必要的输配电设施，满足灌排设施电力需求。

加强高标准农田建后管护。严格执行高标准农田建设评定标准，将整治后的耕地划为永久基本农田，统一命名、统一标识、统一监管，纳入国土资源综合监管平台，实行永久保护，严禁建设占用。

## 第六节　切实加强耕地数量保护和质量建设

科学合理补充耕地。加大农用地整理，增加有效耕地面积，确保耕地面积基本稳定；加强耕地质量建设，全面实施耕作层剥离再利用，着力改善耕作条件，增加耕地土壤有机质含量，提高补充耕地质量。积极推进低效、损毁和废弃建设用地整理还耕，恢复耕地生产功能。以新一轮的全国后备耕地资源调查评价成果为基础，在做好土地适宜性评价和保护改善生态环境的前提下，合理开发耕地后备资源，实施耕地后备资源集中区补充耕地等工程，禁止毁林、毁草开荒、破坏生态环境。生态建设、国家重大工程建设占用耕地，经国务院批准，可由国家统筹安排。

**专栏3　耕地后备资源集中区补充耕地工程**

坚持"在保护中开发，在开发中保护"的原则，注重生态环境的保护和改善，禁止违背自然规律搞过度开发，在查清耕地后备资源数量、质量和分布状况的基础上，科学合理的制定规划，加强国家的宏观调控措施，协调各部门用地矛盾，因地制宜安排各业用地，做到社会效益、经济效益、生态效益相统一。涉及10个省（区）172个县（市、区）。通过实施该工程，增加有效耕地面积约234万亩，总投资约需148亿元。

　　加强耕地质量建设和产能提升。按照取之于土、用之于土的要求，积极开展耕地质量建设和保护，全面提高耕地生产能力。依据耕地质量等级等别调查与评定技术规范、标准和成果，健全耕地质量等级评价制度，加强中低产田改造和农田基础设施建设，切实提高耕地质量；积极实施旱改水、坡改梯工程，完善排灌沟渠网络，建设旱涝保收农田；推进农田防护与生态环境建设，完善农田防护林体系，稳步提高农田抗灾减灾能力。经整治的耕地应达到高标准农田建设标准。规划期末，全国农田灌溉水有效利用系数达到 0.55，整治后农田田间工程配套率达到 80% 以上，实现耕地提质增效。

　　积极开展特色农业土地整理。挖掘区域特色资源利用潜力，提高农用地质量，推动特色农业资源的开发与保护，促进名特优农产品生产，增加农民收入。开展重要农业文化遗产保护与建设，加强生态保护和修复。

　　加强耕地全方位管护。依托国土资源综合监管平台，并结合相关部门管理信息系统，将土地整治项目和高标准农田建设信息及时、全面、准确上图入库，实现相关部门信息共享，实行耕地实时动态监测。明确管护主体，落实管护责任，保障管护经费，加强农田基础设施维护，提高设施设备的利用水平。建立耕地质量等级定期更新和动态监管制度，加强耕地质量等别变化评价与监测。强化新增耕地监管，确保有效利用，防止撂荒抛荒。

### 第七节　实行耕地修复养护

　　加强退化土地修复。开展农田防护与生态环境建设，加强小流域综合治理，实施堤岸和坡面防护等水土保持工程，增强农田抵抗自然灾害的能力。沙漠化地区，按照以水定地的原则，合理利用耕地资源，加强农田防护林建设，增强防风固沙能力。石漠化地区，加大保水保肥保土能力建设，禁止乱砍滥伐，提高水土资源涵养能力。盐碱化地区，将土地整治与盐碱化改良相结合，加强水资源利用管理，多途径改良盐碱地。东北黑土地，综合治理水土流失，实行建设占用耕地表土剥离，实施保护性耕作，有效保护黑土地生产能力。

积极治理污染土地。加强污灌区域、工业用地周边地区污染土地防治，积极推进污染土地综合治理。建设农田生态沟渠、污水净化池塘等设施，净化地表径流及农田灌排水，开展典型流域农业面源污染综合治理。加强重金属污染土地治理，修建植物隔离带或人工湿地缓冲带，优化种植结构。按照"谁治理、谁受益"的要求，积极鼓励和引导社会资源参与污染土地治理。

## 第八节　推进其他农用地整理

合理引导农业结构调整。坚持保护生态、农地农用，合理配置其他农用地，促进优势农产品发展。整理利用农村建设用地和非耕地，积极推进设施农业、休闲农业建设。合理开发荒地、荒山、滩地、滩涂等未利用地，综合整治养殖池塘，促进农业多种经营。

加强园地整理。积极开展中低产园地整理，完善配套基础设施，促进园地集约利用、规模生产，发展特色品种、农产品加工和休闲农业，提高园地综合效益。

加强林地改造。全面停止天然林商业性采伐，通过生态自我修复和充分利用宜林荒山荒坡、沙荒地造林，扩大林地面积，有效改善生态环境。

推进草地综合治理。加强天然草原的保护建设，落实草原禁牧和草畜平衡制度，合理利用草地资源。通过草原围栏、补播改良、人工种草、棚圈建设等措施，减轻天然草原压力，提高草原生产力。积极开展退牧还草、农牧交错带已垦草原治理等草原保护建设，恢复草原植被，促进草原生态和草原畜牧业协调发展。

## 第四章　围绕美丽乡村建设
## 规范开展农村建设用地整理

按照城乡统筹发展要求，规范开展农村建设用地整理，优化城乡建设用地布局，促进城乡要素平等交换和公共资源均衡配置，改善农村人居环境和农业生产条件，促进美丽宜居乡村建设和城乡发展一体化。

### 第九节　优化农村建设用地布局

统筹乡村土地利用。以新农村建设和城乡发展一体化为目标，以经济社会发展规划和土地利用总体规划为依据，按照生产发展、生活宽裕、乡风文明、村容整洁、管理民主的要求，探索编制乡村土地利用规划，并做好与村镇建设规划等相关规划协调衔接。乡村土地利用规划要坚持维护农民权益，以充分尊重农民意愿为前提，以改善农民生产生活条件为目标，做到农民愿意、农民参与、农民受益、农民满意；坚持城乡统筹发展，合理安排生产、生活、生态用地，促进农村地区全面发展；

坚持节约集约用地，引导农民适当集中居住，盘活利用农村闲置、低效建设用地；坚持公共服务均等化，合理配置公共服务设施和基础设施，推动城乡一体化发展；坚持乡村风貌保护，加强村庄风貌设计，加强人文历史景观、地质遗存等保护，实现自然环境和人文环境的和谐。

优化农村居民点布局。要按照发展中心村、保护特色村、整治空心村的要求，建设规模适度、设施完善、生活便利、产业发展、生态环保、管理有序的新型农村社区，合理引导农民居住向集镇、中心村集中，优化用地结构布局，提高节约集约用地水平。在规划城镇建设范围内，鼓励农民有偿腾退宅基地，实施农村居民点社区化建设，稳妥推进城乡发展一体化。通过村庄建设用地调整优化，形成功能结构协调有序、空间布局合理的农村居民点体系，全面改善农村整体面貌。

## 第十节　推进农村闲置低效土地整理

优先开展"空心村"等土地整理。按照节约用地、改善民生、因地制宜的要求，以"空心村"和"危旧房"整治改造为重点，推进农村建设用地整理。村内有空闲地或宅基地总面积已超出标准的，原则上不增加宅基地规模，依法引导农村闲置宅基地在本集体经济组织成员之间合理流转，提高宅基地利用效率。结合高标准农田建设，尽可能与周边耕地集中连片，推进村庄内废弃、闲置建设用地治理，增加有效耕地面积、提高耕地质量。同时加强基础设施建设，完善农村道路、水电及生活垃圾和污水处理、休闲绿地、防护林带等基础设施，改善农村人居环境，改变农村脏、乱、差面貌。

专栏4 城乡统筹区域农村建设用地整治示范工程

城乡统筹区域农村建设用地整治示范工程：主要围绕工业化、城镇化水平比较高的区域，开展农村建设用地整理，并与周边农用地整理相结合，改善农村生活环境质量、推进城乡发展一体化，促进农业规模化、机械化经营，涉及28个省（区、市）549个县（市、区），建设总规模1170万亩，新增耕地90万亩，预计建成高标准农田504万亩，投资总额316亿元。

加强缩并村庄土地整理。依据规划安排，科学划定农村居民点扩展边界，加强中心村建设，逐步缩并分散、零星居民点，防止农村建设用地盲目扩张。同时按照尊重农民意愿、充分考虑农民实际承受能力的要求，鼓励农民搬迁腾退出原有宅基地，并优先复垦为耕地，腾出的建设用地优先用于农民新居、农村基础和公益设施建设，并支持发展农村非农产业，为农民创业和就近就业提供空间。

专栏5 全国村庄基本情况

2015年末，全国共有行政村58万个，自然村270万个，村庄建设用地面积2.87亿亩，平均每个村庄建设用地面积106亩。村庄内道路长度234万公里，其中硬化路72万公里。村庄内排水管道沟渠长度54.2万公里。全国62.5%的行政村有集中供水，9.98%的行政村对生活污水进行了处理，63.98%的行政村有生活垃圾收集点，48.18%的行政村对生活垃圾进行了处理。

加强乡村特色景观保护。开展农村土地整治，要注重保留当地传统农耕文化和民俗文化的特色，保护自然环境和人文景观，促进自然环境与人文环境相和谐。遵循历史传承，对具有历史、艺术、科学价值的传统村落、少数民族特色村寨、民居等进行建设性保护。按照尊重自然、顺应自然、保护自然的理念，依托当地山水脉络、气象条件，整治利用土地，减少对自然的干扰和破坏。实施传统村落保护性整治工程，农村新居建设要保持当地农村特色和风貌。

**专栏6　传统村落保护性整治工程**

入选中国传统村落名录的2555个村落，对历史文化底蕴深厚、保护状况较好、有较大旅游开发潜力的传统村落，开展保护性整治工作。

## 第十一节　稳妥推进城乡建设用地增减挂钩

全面实行城乡建设用地增减挂钩政策，推进农村土地综合整治。开展城乡建设用地增减挂钩，要以促进新农村建设和城乡统筹发展为导向，以改善农村人居环境和农业生产条件为根本出发点，按照严格保护耕地和节约集约用地的要求，以增减挂钩为抓手，因地制宜、循序渐进，统筹推进田水路林村综合整治，加强高标准农田建设，优化城乡建设用地结构布局，促进美丽乡村建设和新型城镇化发展。

坚持规划统筹引导，调整优化城乡建设用地布局。依据新型城镇化规划、土地利用总体规划和城乡规划等，根据新型城镇化发展和农村人口转移实际，统筹安排增减挂钩的规模、布局和时序，推动城乡土地要素合理配置和平等交换，促进土地城镇化与人口城镇化相协调。

切实维护农民权益，确保农民共享发展成果。在增减挂钩选点布局、住房建设、补偿安置、收益分配等方面，充分保障农民的知情权、参与权、受益权、监督权；加强整治土地的权属管理，做好权属调查，依法确权登记颁证，保障农民土地权益；加强收益管理，增减挂钩取得的收益，按规定用于改善农民生产生活条件；统筹安排农村和城镇用地，留足农村发展空间，保证农民共享工业化、城镇化发展成果。

拓展增减挂钩范围，支持脱贫攻坚和易地扶贫搬迁。按照精准扶贫、精准脱贫的要求，增减挂钩指标安排向贫困地区、革命老区，以及灾后重建等重点地区倾斜，支持当地运用增减挂钩政策推动扶贫开发和易地扶贫搬迁等工作。对集中连片特困地区、国家扶贫开发重点县、开展易地扶贫搬迁的贫困老区，可将增减挂钩节余指标在省域范围内流转使用，其他因灾后重建、生态移民等需要，经国务院同意，在保障农民安置和农村发展用地的前提下，可适当扩大增减挂钩节余指标挂钩使用范围，充分显化土地增值收益，促进贫困地区脱贫致富，推动生态移民灾后恢复重建工作。

加强监督管理，确保增减挂钩规范有序开展。开展增减挂钩要严格加强管理，确保及时拆旧复垦还耕，保证增减挂钩实施后建设用地面积不扩大、耕地面积有增加、质量有提高；加强预算资金使用监管，确保增减挂钩取得的收益按规定用于农村，规范安排使用，接受社会监督；加强乡村风貌保护，防止对具有人文传承价值村落的破坏。

## 第五章　落实节约优先战略有序
## 推进城镇工矿建设用地整理

坚持最严格的节约用地制度，积极推进城镇低效用地再开发和旧工矿改造，优化城镇用地结构，提高城镇综合承载能力，推动产业转型升级，改善城镇人居环境，促进新型城镇化发展。

## 第十二节 积极推进城镇低效用地再开发

合理确定再开发范围。坚持以人为本，按照有利于提高节约集约用地和提升城镇发展质量的要求，围绕城市产业结构调整、功能提升和人居环境改善，合理确定城镇低效用地再开发范围。重点对老城区、城中村、棚户区、旧工厂、老工业区进行改造开发，加大对国家产业政策规定的禁止类、淘汰类产业用地，不符合安全生产和环保要求的用地，"退二优二"、"退二进三"产业用地整治利用。加强对历史文化遗产的保护。

加强规划统筹引导。要充分利用土地调查成果，开展城镇存量建设用地调查，摸清城镇低效用地的现状和再开发潜力，查清土地权属关系，了解土地权利人意愿。在此基础上，依据城市、镇规划和土地利用总体规划，编制城镇低效用地再开发专项规划，明确改造利用的目标任务、性质用途、规模布局和时序安排，优先安排基础设施、公益设施等用地，统筹城市功能再造、产业结构调整、生态环境保护、历史人文传承等，确保再开发健康有序推进。

完善城镇低效用地再开发激励机制。按照统筹兼顾、多方共赢的要求，协调好参与改造开发各方的利益，建立完善激励机制。在符合规划的前提下，鼓励原国有土地使用权人通过自主、联合、转让等多种方式对其使用的国有建设用地进行改造开发。充分尊重土地权利人意愿，鼓励采取自主开发、联合开发、收购开发等模式，分类推动"城中村"等集体建设用地改造开发。鼓励和引导社会资本参与，调动市场主体参与改造开发的积极性。

### 专栏7　城镇低效用地再开发工程

实施城镇低效用地再开发工程，要围绕促进新型城镇化发展，提高城镇综合承载能力，提升土地对经济社会发展的持续保障能力；优化土地利用结构，促进产业转型升级，增强经济发展动力；改善城镇人居环境，提高城镇发展质量。

到2020年，完成600万亩城镇低效建设用地再开发，重点开展3类20个高度城市化地区的城镇低效建设用地再开发，包括1类：长江三角洲城市群、珠江三角洲城市群、长江中游城市群、京津冀城市群、成渝城市群；2类：哈长城市群、山东半岛城市群、辽中南城市群、海峡西岸城市群、关中城市群、中原城市群、江淮城市群、北部湾城市群、天山北坡城市群；3类：呼包鄂榆城市群、晋中城市群、宁夏沿黄城市群、兰西城市群、滇中城市群、黔中城市群。

## 第十三节　积极推进旧工矿用地改造

充分挖掘利用旧工矿用地。条件适宜地区，积极实施工矿用地功能置换，在调查评价和治理修复的基础上，结合周边环境将低效工矿用地转型改造利用，提高土地利用效率和综合效益。改善工矿区配套设施以及环境景观，盘活土地资产，提高工业用地经济密度，实现从粗放型向集约型转变。加强工业用地使用监管，严格落实闲置土地处置办法，防止土地闲置、低效和不合理利用。

优化工矿地结构和布局。完善工矿用地投资评价机制，促进淘汰效益低、占地多、污染高的落后产业。根据产业链发展需要，建立协调推动机制，科学配置不同类型、不同规模的企业用地，促进产业整体协同发展，提升产业用地综合效益。

加强工矿用地生态修复和景观建设。对土壤、水体污染严重的区域，采取工程技术、生物修复等措施进行专项治理，防止污染扩散。探索污染土壤分类修复改良，提升土壤功能。加强腾退土地有机物污染治理，鼓励采用先进适用技术，引入社会资本参与污染土地治理。鼓励修复和合理开发利用废弃工矿用地，可因地制宜建设公园、绿地、科普基地等。

## 第十四节　强化节地建设和生态建设

改进城镇建设用地整理方式。按照"区域-单元-项目"多层次，依据城市规划，科学划定整治单元，合理安排开发时序，有序推进土地整治，优化用地结构布局，并着力完善市政基础设施和公共服务设施，加强绿化和市容卫生建设，创造舒适宜人的城镇环境，提升城镇发展质量。

积极探索推行节地技术。总结各类节约集约用地技术和模式，建立健全节约用地激励机制和政策，鼓励充分利用地上地下空间，立体开发综合利用，推广标准厂房等节地技术和模式，降低工业项目占地规模，推动城市内涵发展，提高城镇土地综合承载能力。

提升城镇土地景观生态功能。优化城镇用地结构，提高生态用地比例，扩大城市生态空间，并加强绿心、绿道、绿网等建设，提升城市系统自我循环和净化能力；控制生产用地规模，减少碳排放，推进循环发展、绿色发展、低碳发展；保障生活用地，按照功能分区，合理配套建设居住用房、生活设施、公共服务设施等，创造宜居环境，提高城市生活质量。

加强城镇历史文化保护。城镇建设用地整理，要加强历史文化名城名镇、历史文化街区、民族风情小镇文化资源整体保护，防止大拆大建破坏城镇历史风貌；在新城新区建设中，注重挖掘文化内涵，融入传统文化元素，延续历史文脉，保存地域人文魅力空间。

## 第六章　贯彻保护环境基本国策积极推进土地复垦和土地生态整治

坚持绿色发展理念，加大损毁土地复垦力度，努力做到"快还旧账、不欠新账"，保障土地可持续利用，改善土地生态环境，推动形成绿色发展方式，促进人与自然和谐共生。

### 第十五节　推进土地复垦

加大历史遗留损毁土地复垦。开展损毁土地复垦潜力调查评价，按照宜耕则耕、宜林则林、宜水则水、宜牧则牧的原则，统筹安排复垦土地利用方向、规模和时序，确定复垦的重点区域，确保土地复垦规范有序开展。按照"谁投资、谁受益"的原则，吸引社会投资进行复垦，土地权利人明确的，可采取扶持、优惠措施，鼓励土地权利人自行复垦。稳妥开展工矿废弃地复垦利用试点，在有条件的地区全面实行工矿废弃地复垦利用政策，促进工矿废弃地复垦，改善矿山生态环境。

及时复垦生产建设活动新损毁土地。加强生产建设用地节约集约利用管理，减少损毁面积，降低损毁程度。对新损毁土地，按照"谁损毁、谁复垦"的原则，坚持土地复垦和生产建设相结合，编制土地复垦方案，将土地复垦各项要求落实到生产工艺和建设流程中，确保新损毁土地及时复垦，促进矿产资源开发的生态恢复。确定的复垦任务纳入生产建设计划，土地复垦费用列入生产成本或者建设项目总投资。

**专栏 8　生产建设活动损毁土地复垦重大工程**

重点煤炭基地土地复垦工程：以矿区土地复垦为主，涉及 13 个省（区）180 个县（市、区）。通过工程实施，补充耕地面积约 225 万亩。

国家高速公路网和"四纵四横"高铁沿线土地复垦工程：在国家高速公路网和"四纵四横"高铁沿线开展土地整治，涉及全国 31 个省（区、市）1404 个县（市、区）。通过工程实施，补充耕地面积约 7.5 万亩。

南水北调水利工程沿线土地整治工程：在南水北调工程中线和东线区域开展土地整治，涉及 8 个省（市）96 个县（市、区）。通过工程实施，可补充耕地面积约 124 万亩。

　　加快复垦自然灾害损毁土地。利用已有土地调查成果，开展自然灾害损毁土地评价，对损毁土地进行分类，对可复垦利用的土地，及时采取措施进行复垦。对灾毁程度较轻的土地，鼓励受灾农户和土地权利人自行复垦，有条件的地方政府可对农户进行适当补贴；对灾毁程度较重的土地，可制定灾毁土地复垦规划，由地方政府组织复垦。充分尊重当地群众意愿，结合生态农业发展和生态环境建设，对地处偏远、地质环境较差的灾毁土地，因地制宜实施复垦。

　　严格控制土地复垦质量。支持土地复垦科学研究和技术创新，推广应用土地复垦先进技术，全面提升土地复垦水平，提高复垦土地质量。加强复垦土地后期管护，有针对性地采取培肥地力等措施，稳步提升复垦土地产能，切实防止复垦土地撂荒。注重土地复垦与生态恢复、景观建设相结合，促进复垦土地景观与周边自然环境相协调。

## 第十六节　加强生态保护和修复建设

促进生态安全屏障建设。按照生态文明建设要求，实施山水林田湖综合整治，加强生态环境保护和修复，大力建设生态国土。在开展土地整治中，切实加强对国家禁止开发区、重点生态功能区、生态环境敏感区和脆弱区等区域的保护，严格控制对天然林、公益林地、天然草地、河湖、湿地等的开发，生态保护红线原则上按禁止开发区域的要求进行管理，严禁开垦林地、草地等不符合主体功能定位的各类开发活动，严禁任意改变用途，不得在重点国有林区、国有林场内开展土地整治；加强对江河湖库水系、重要交通干道、天然林和草原等的土地生态修复和建设；提高土地生态服务功能，筑牢生态安全屏障。

加强农田生态防护和建设。建立生态保护补偿机制，全面加强农田生态设施建设，增强农田生态服务功能。快速城镇化地区，鼓励城市组团式发展，促进组团间农田和绿色隔离带建设，改善城市生态环境，美化城市景观。平原农业地区，加强耕地保护和基本农田建设，优化农田生态系统，发挥农田的基础生态作用。山地丘陵地区，要大力推进国土综合整治，严格控制非农建设活动，加强坡耕地治理，改善农业生产条件，提高生态系统稳定性。

开展土地生态环境整治示范建设。坚持保护优先、自然恢复为主，针对水土流失、土地沙化、土地盐碱化、土壤污染和土地生态衰退严重的区域，结合退耕还林还草、退耕还湿，治理水土流失，实施土地生态环境综合整治，提高退化土地生态系统的自我修复能力，遏制土地生态环境恶化趋势。

## 第七章　突出区域特色
## 分区分类开展土地整治

坚持区域协同、城乡一体，适应区域土地利用特点，按照区域发展总体战略，科学划分土地整治区域，明确区域土地整治方向，因地制宜推进土地整治。

### 第十七节　区域土地整治方向

——东北地区：以高标准农田建设为主要方向，完善农田水利配套设施，增加有效耕地面积，提高耕地质量，建设生态良田，加强黑土地保护，建设粮食生产基地；禁止毁林、毁草开垦，对已开垦的林地、草原开展退耕还林还草；资源枯竭型城市要加快工矿废弃地复垦，促进城市转型发展。

——京津冀鲁地区：以土地综合整治为主要方向，大力开展生态良田建设，改造盐碱地和中低产田，加强耕地质量建设，提高土地利用集约度；规范推进城乡建设用地增减挂钩，稳步开展城镇建设用地整理，优化城乡用地结构和布局。

——晋豫地区：以恢复矿山生态环境为主要方向，重点加强工矿废弃地复垦、污染防治和采煤沉陷区治理；大力推进农用地整理，加强农田基础设施建设，提升耕地质量，提高粮食综合生产能力；积极开展农村居民点整理，提高土地集约利用水平；开展小流域综合治理和风沙防治综合治理，重点开展山西黄土山地丘陵和豫西山地生态退耕，加强豫东黄河故道沙化土地治理。

——苏浙沪地区：以建设用地整理为主要方向，大力推进城乡建设用地整理，优化用地结构布局，推动美丽宜居乡村建设，促进工业化、新型城镇化发展，率先实现现代化；积极开展农用地整理，建设集中连片、高产稳产良田；加强污染土地的治理改造，合理开展山地综合开发和沿海滩涂开发利用。不得以耕地占补平衡、低丘缓坡开发为名开垦林地。

——湘鄂皖赣地区：以农用地整理为主要方向，完善农田配套设施，大规模建设旱涝保收高标准农田，积极开展生态良田建设；因地制宜开展农村居民点和零星闲散地综合整治，提高土地利用效率，改善农村人居环境；积极开展小流域综合治理，防治水土流失；拓展增减挂钩范围，支持革命老区、贫困地区精准扶贫、精准脱贫。

——闽粤琼地区：以城乡建设用地整理为主要方向，积极推进旧城镇、旧厂房、旧村庄等低效用地改造开发，稳妥开展农村建设用地整理，优化城乡用地结构和布局，大力改善城乡人居环境，促进新型城镇化发展；加强珠江三角洲、福建沿海等地区污染土地的治理，合理开展山地综合开发，发展特色林果茶产业，增加农民收入。

——西南地区：以建设生态安全屏障和提高农用地利用效益为主要方向，加强生态环境保护和修复，限制对生态环境脆弱地区的土地开发；将农田整理与陡坡退耕还林还草，以及荒漠化、石漠化治理等政策有效结合，加大基本农田建设力度，对山地丘陵区不宜退耕的缓坡耕地进行坡改梯;积极复垦损毁土地,改善生态环境。

——青藏地区:以保护和改善区域生态环境为主要方向,在适宜耕种的地区,重点是西藏"一江两河"(雅鲁藏布江、拉萨河、年楚河)和青海省东部等地区开展生态农田建设,加强农田水利和生态设施建设,增强耕地抵御自然灾害的能力;加强草原保护建设,开展围栏封育和退化草原治理。防止过度开发,注重水源地保护。

——西北地区:以改善和保护土地生态环境为主要方向,加强平原、旱塬和绿洲的耕地和基本农田建设,建设生态良田,大力发展节水灌溉,重点提高农田渠系利用系数和水资源利用率,防治土地盐碱化;坚持以水定地,因地制宜适度开发宜耕后备土地,限制对生态环境脆弱地区的土地开发,限制对灌木林地、草原开发。

## 第十八节 实施差别化土地整治

——不同区域土地整治对策。

平原区:支持粮食主产区和基本农田保护区建设,集中连片建设高标准农田,确保农田基础设施的配套和完善;合理引导土地流转,实现土地适度规模经营,提高农业生产效率;农田林网控制率宜不低于80%;加大耕地污染的防治力度,改善农田生态环境,提高粮食综合生产能力,促进农业现代化,保障国家粮食安全。

丘陵山地区:将土地整治与生态环境保护相结合,在开发中保护,在保护中开发,实现绿色发展。根据实际情况,适当放宽农田整理项目立项的连片面积规模标准，因地制宜确定新增耕地指标，强化通过改善农业生产条件和生态环境提高耕地质量；调整土地利用结构，加大退耕还林还草力度，加强荒山荒坡治理，防止水土流失；不得以耕地占补平衡、低丘缓坡开发为名开垦林地、草原；鼓励生态脆弱、经济落后、交通不便的地区，运用增减挂钩政策，合理引导移民搬迁，开展农村居民点整理复垦还林还耕还草和调整使用，将增减挂钩取得的收益按规定用于农村，促进新农村建设。

——不同区位土地整治对策。

城镇空间：对城镇空间内的土地，纳入城市整体开发和管理，与中心城区进行整体规划和整治，加强城中村改造开发，鼓励建设新型居住社区；开展城乡结合部土地整治，优化用地结构布局，加强基础设施建设，改善人居环境，促进同城化、实现市民化。

农业空间：对农业空间内的土地，按照方便生产生活的原则，以促进农业现代化为目标，大力推进农用地整理；按照新农村建设的要求，切实搞好乡村规划，合理引导农民住宅相对集中建设，促进自然村落适度撤并，开展旧村庄整理复垦，提高土地利用效率。

生态空间：在生态空间范围内，开展土地整治活动应着重加强土地生态修复和建设，对依法划定的生态保护红线范围内的土地，实行严格保护，确保生态功能不降低、面积不减少、性质不改变；对生态退化严重的区域，可按照自然恢复为主的原则开展土地整治和保护工程，提高退化土地生态系统的自我修复能力，遏制土地生态环境恶化趋势。

## 第八章　资金供需和效益分析

合理测算土地整治投资需求，多渠道、多途径筹措资金，加大投入力度，大力推进土地整治，全面完成各项土地整治目标任务，发挥土地整治综合效益。

### 第十九节　资金供需

高标准农田建设资金需求与供给。规划期内建成 4~6 亿亩高标准农田，根据以往实际投入测算，亩均投资 1800 元，总投资需 7200~10800 亿元。根据现行法律政策规定，用于高标准农田建设资金主要包括新增建设用地土地有偿使用费和用于农业土地开发的土地出让金收入、新增千亿斤粮食产能规划田间工程投资、农业综合开发资金、现代农业生产发展资金、农田水利设施建设补助资金、大型灌区续建配套与节水改造投资等。规划期内，预计可征收新增建设用地土地有偿使用费约 2800~4100 亿元；根据《国务院关于将部分土地出让金用于农业土地开发有关问题的通知》（国发〔2004〕8 号）和有关管理办法，土地出让平均纯收益中用于农业土地开发的比例不低于 15%，预计可征收 1300~1500 亿元，两项合计可征收 4100~5600 亿元，按投入标准计算，可建成高标准农田 2.3~3.1 亿亩。为确保建成 4 亿亩高标准农田，需其他渠道资金投入 1600~3100 亿元，在此基础上，如建成 6 亿亩高标准农田，还需其他渠道资金投入 3600 亿元。再考虑历年新增千亿斤粮食产能规划田间工程投资、农业综合开发、现代农业生产发展、农田水利设施建设、大型灌区续建配套与节水改造等资金投入情况，能保障建成 4 亿亩高标准农田资金需求，同时通过积极探索奖补机制和激励措施，引导地方政府和社会各方投入，力争建成6亿亩高标准农田。

其他土地整治资金需求与供给。农用地整理和宜耕未利用地开发补充耕地资金主要来源于耕地开垦费，按照"占一补一"的要求，由占用耕地的单位缴纳耕地开垦费，对建设占用耕地进行补充。农村建设用地整理资金主要来源于增减挂钩收益；依据《土地复垦条例》，生产建设活动损毁土地由土地复垦义务人负责复垦，由于历史原因无法确定土地复垦义务人的，由县级以上人民政府负责组织复垦，或者按照"谁投资、谁受益"的原则，吸引社会投资进行复垦；同时，通过制定激励措施，充分调动社会各方加大土地整治投入，广泛参与土地整治。

## 第二十节 预期效益

经济效益。通过土地整治和高标准农田建设，有效补充耕地面积，提高耕地质量，改善农业生产条件，充分发挥土地资源的价值，到2020年补充耕地面积2000万亩，新建4~6亿亩高标准农田，耕地质量提高1个等，增加粮食产能400亿公斤；盘活城镇低效用地600万亩，整理农村建设用地600万亩，提高节约集约用地水平，促进单位国内生产总值建设用地使用面积下降20%，有效降低生产生活成本；增加整治区农民收入，带动农村消费，有效拉动内需，促进相关行业、产业发展，规划期内农民人均年收入增加750元左右。

社会效益。通过土地整治和高标准农田建设，提高土地资源的保护能力和合理利用水平，确保建成4亿亩、力争建成6亿亩高标准农田，有效改善农业生产条件，促进现代农业发展，保障国家粮食安全和食品安全；进一步优化土地利用格局，提高土地节约集约利用水平和单位用地产出水平，实现城乡生产要素有序流动，增强农村发展活力；促进贫困地区、边疆区域经济社会发展，支撑国家扶贫战略落地；加强农村基础设施和公共服务设施建设，改善农村村容村貌，保护传统村落文化，促进城乡一体化。

生态效益。通过土地整治和高标准农田建设，开展山水林田湖综合整治，有利于强化土地生态系统功能，促进生态文明建设。通过污染、退化土地治理，有利于清洁土壤环境，提高土地安全生产能力；通过小流域综合治理、农业面源污染治理等，有利于减少水环境污染，加强水生态保护；通过荒漠化土地治理、农田防护林等建设，有利于防风固沙，营造局地小气候，改善大气环境；通过农村人居环境整治，加强传统村落民居和历史文化名村名镇保护，有利于构建景观优美、人与自然和谐的美丽宜居乡村。

## 第九章　规划实施保障措施

建立健全制度，完善体制机制，加强改革创新，强化基础能力建设，确保规划目标任务全面实现。

### 第二十一节　加强土地整治制度建设

加快制定《土地整治条例》。按照全面推进依法治国要求，全面总结土地整治实践，充分借鉴国内外土地整治法制建设有益经验，研究制定《土地整治条例》，从土地整治定位、规划编制实施、群众权益保障、项目资金管理等方面进行规定，促进土地整治法制化、制度化、规范化，确保土地整治活动依法依规推进。

完善土地整治规章制度。建立完善土地整治规划管理、项目管理、资金管理、验收管理等制度，全面规范土地整治各环节工作；制定完善土地整治技术标准，研究提出土地整治技术标准体系，出台《土地整治技术标准体系》，不断完善土地整治规划编制、高标准农田建设、项目规划设计等技术标准，各地可结合实际情况细化相关规章制度和建设标准，保证土地整治工作依规范、按标准有序运行。

建立完善共同责任机制。按照国家监管、省级负总责的要求，建立形成政府领导、部门合作、上下联动、公众参与的工作机制，进一步明确职责分工，各有侧重、形成合力共同推进土地整治工作。

## 第二十二节　加强土地整治政策统筹

做好政策资金整合。国务院有关部门和地方各级人民政府要切实发挥规划统筹作用，加强政策整合，以推进土地综合整治为目标，将高标准农田建设、城乡建设用地增减挂钩、工矿废弃地复垦利用、城镇低效用地再开发等政策手段进行统筹整合，发挥政策组合的整体效应，整体推进山水林田湖综合整治；加强资金整合，以土地整治为平台，以新增建设用地土地有偿使用费、用于农业土地开发的土地出让金收入、耕地开垦费和土地复垦费等资金为主体，有效推进涉农涉地资金统筹使用，发挥资金综合效益。

鼓励和引导社会资本参与土地整治。加大土地整治、增减挂钩力度，拓展耕地占补平衡渠道；探索建立高标准农田建设奖补机制，调动地方政府和社会各方参与土地整治和高标准农田建设的积极性。按照"政府主动引导、社会积极参与、政策加以保障"的原则，鼓励政府和社会资本合作（PPP）模式参与土地整治；鼓励农民合作社、家庭农场、专业大户、农业企业等新型经营农业主体投资农用地整理；鼓励和引导社会资本投资城乡建设用地整理和土地复垦等，拓宽土地整治投资渠道，加快土地整治工作。

鼓励群众自主开展土地整治。支持农村集体经济组织或农民群众自主开展土地整治，包括开展"小块并大块"农用地整理，提高土地利用效率；开展农田基础设施建设，改善农业生产条件等。

## 第二十三节 加强土地整治机制探索创新

完善土地整治激励机制。完善现有财政转移支付方式，鼓励地方加强基本农田保护和补充耕地工作；完善耕地保护经济补偿机制，调动农民保护耕地积极性；采取"以补代投、以补促建"的方式，鼓励农村集体经济组织和农民自主开展土地整治和高标准农田建设；探索土地复垦激励机制，对历史遗留工矿废弃地，按照"谁投资、谁受益"的原则，鼓励和引导社会资金参与整理复垦；建立生态型土地整治的激励机制，加大对生态型土地整治项目的资金支持力度。

探索土地整治市场化机制。探索推进土地整治市场化，建立多元化的土地整治投融资渠道，形成以政府资金为主导，吸引社会资金投入的土地整治资金保障体系；建立健全社会资本准入和退出机制，推进土地整治市场化运作；规范土地整治市场服务，加强市场运作监管，保障土地整治市场健康发展。

完善公众参与制度。创新土地整治决策、投入、建设和运行监督机制，发挥农民主体作用，鼓励各地因地制宜成立土地整治理事会，明确公众参与方式，完善公众参与程序，提高民主决策水平，切实做到整治前农民自愿、整治中农民参与、整治后农民满意。

### 第二十四节 加强土地整治规划实施管理

完善土地整治规划体系。县级以上地方人民政府应根据当地经济社会发展情况，依据土地利用总体规划等，按照上级土地整治规划确定的目标要求，编制本级土地整治规划，统筹确定本区域各项土地整治活动和年度安排，形成国家、省、市、县四级土地整治规划体系，把逐级分解落实高标准农田建设任务作为地方各级土地整治规划的重要内容，确保高标准农田建设任务在县级土地整治规划中落实到项目、地块和图上，保证土地整治规划有效实施。乡（镇）、村可根据需要，组织编制乡（镇）土地整治规划和村土地利用规划，统筹安排生产、生活、生态用地，整体推进农村土地综合整治。土地整治规划应与主体功能区规划、林地保护利用规划、草原保护建设利用规划、生态保护红线等相衔接。

加强土地整治规划实施监管。依托国土资源监管系统，建设土地整治规划数据库，将土地整治规划成果数据及时入库进行信息化管理，为规划有效实施提供依据。土地整治项目立项审批必须依据土地整治规划，各类土地整治活动必须符合土地整治规划。实行规划实施定期评估制度，对土地整治规划确定的目标任务落实情况进行考核评价，确保规划有效实施。依托国土资源遥感监测"一张图"和综合监管平台，将建成的高标准农田统一上图入库，实行统一监管考核。

强化土地整治项目资金管理。制订完善土地整治项目管理办法，规范土地整治项目管理，严格执行项目法人制、招投标制、合同制、工程监理制、公告和审计制等制度，确保土地整治活动依法依规开展。制订完善土地整治资金管理办法，加强各类土地整治资金收缴使用管理，确保资金按时到位、合理使用、有效监管。建立健全土地整治年度稽查、例行检查和重点督察三位一体的监管体系，实行专项检查与日常督察相结合，确保土地整治规范开展，提高项目工程质量。

加强经整治耕地的后期管护。建立健全土地整治项目建后日常管护制度，明确管护主体，落实管护责任；建立奖补机制，引导和激励农户、村集体经济组织和农民专业合作社参与管护；结合实际积极筹措和安排管护资金，提高资金使用效率，确保经整治耕地高效可持续利用。

## 第二十五节　加强基础能力建设

加强土地整治队伍建设。建立健全土地整治机构，进一步明确职责定位，调整充实工作职能，确定工作重点和方向，充分发挥土地整治机构的政策研究、咨询建议、科技创新、技术服务和实施监管作用。开展土地整治从业单位和人员信用管理，规范从业单位及人员依法依规从事土地整治活动。加强对土地整治工程专业技术人员的培养和继续教育，切实提高土地整治管理和技术人员的专业素质，为提高土地整治工作水平奠定扎实基础。

加强土地整治科技服务支撑和保障。加强土地整治科技创新能力建设，组织实施一批土地整治重大科技专项，开展技术集成与应用示范攻关；进一步加强国家土地工程科技创新平台建设，集聚土地科技创新人才，加强服务保障和组织建设；加快推进科技成果转化，积极推广土地整治技术示范和应用；全面提升土地整治工程技术研发能力，努力缩小土地科技创新与发达国家的差距，改变目前的跟踪模仿状况，为土地整治工作提供新的工程技术支撑。

加强土地整治信息化建设。做好土地整治规划成果的信息化管理，及时汇交各级土地整治规划成果，纳入国土资源"一张图"管理，依托国家政务信息共享交换平台，实现与相关部门的数据共享；强化土地整治规划管控，以土地整治规划数据库为依据，加强土地整治项目立项、审批管理；建立完善土地整治监测监管系统，及时报备土地整治项目的审批、实施、竣工验收和后评价等信息，实现土地整治活动全程动态监管；依托国土资源综合监管平台，提高土地整治信息化服务水平。

# 治理开发农村"四荒"资源管理办法

中华人民共和国水利部关于印发

《治理开发农村"四荒"资源管理办法》的通知

水保〔1998〕546号

各省、自治区、直辖市水利(水电)厅(局),各计划单列市水利(水电)局,新疆生产建设兵团水利局:

为了深入贯彻《中华人民共和国水土保护法》和《国务院办公厅关于治理开发农村"四荒"资源进一步加强水土保持工作的通知》(国办发〔1996〕23号),加强管理,规范程序,我部在深入调查研究的基础上,制定了《治理开发农村"四荒资源管理办法》,现印发你们请认真贯彻执行。

中华人民共和国水利部

一九九八年十二月十五日

第一条 为了加强管理,促进农村"四荒"资源治理开发工作的健康发展,根据《中华人民共和国水土保持法》和《国务院办公厅关于治理开发农村"四荒"资源进一步加强水土保持工作的通知》(国办发〔1996〕23号),制定本办法。

第二条 本办法适用于农村集体经济组织对"四荒"资源使用权的一切转让及其相应治理开发活动。

第三条　本办法所称"四荒"，是指农村集体经济组织所有的荒山、荒沟、荒丘、荒滩，包括荒地、荒坡、荒沙、荒草、荒水等。"四荒"资源的转让和治理开发，是指在不改变土地所有权的前提下，农村集体经济组织将其"四荒"使用权在规定期限内转让给受让方，由受让方按协议书（合同）进行综合治理和开发利用的行为。

第四条　各级水行政主管部门归口管理本辖区"四荒"资源的治理开发工作，主要负责规划、协调、服务、监督、指导和日常管理等工作，主动当好政府参谋。在国土、农业、林业等有关部门的配合下，共同做好治理开发"四荒"资源的管理工作。

第五条　县级水行政主管部门要在当地人民政府批准的土地利用和水土保持总体规划指导下，查清"四荒"资源现状，做出治理开发的具体规划，落实到地块。

第六条　"四荒"资源使用权转让前，要严格界定权属、划清界限，权属不清、地界不明的，不得进行转让。严禁把国有土地变为集体所有，严禁将有林地当作"四荒"地拍卖。

第七条　"四荒"资源使用权的转让包括拍卖、承包、租赁、股份合作制等多种方式，并按照公开、公平、公正、自愿的原则进行。

第八条　有治理开发能力的农村集体经济组织成员是治理开发"四荒"资源的主体，企事业单位、社会团体及其他组织和个人，均可参与"四荒"资源使用权的转让。本村村民享有转让的优先权。

第九条　"四荒"资源使用权转让前，农村集体经济组织要广泛征求群众意见，组织成立由村民代表参加的转让机构。经乡（镇）人民政府批准后，由转让机构拟定实施方案，并经村民代表大会充分讨论。实施方案应包括"四荒"转让范围、转让价格、治理开发标准与内容、使用期限和有关政策，尤其要明确做好水土保持的具体要求。

**第十条** 实施方案由乡（镇）人民政府审查并提出意见后，报县级水行政主管部门审定，经县级人民政府批准后实施。

**第十一条** "四荒"资源使用权转让协议书（合同），要由以下三方共同订立：农村集体经济组织或责任人为出让方（甲方），治理开发"四荒"资源者为受让方（乙方），乡（镇）人民政府为监督方（丙方）。协议书（合同）三方各执一份，并报送县级水利行政主管部门一份备案。

**第十二条** 拍卖"四荒"资源使用权按下列程序进行：

（一）乡（镇）人民政府公布"四荒"资源使用权转让方案，实行公开竞投；

（二）竞投者向转让机构申请登记，并缴纳一定数额的竞投定金；

（三）转让机构组织竞投者现场踏查，明确转让"四荒"使用权的范围和相关事宜；

（四）通过公开竞投，竞价高者为中标者；对未投中者于竞投结束后一周内如数退还竞投定金；

（五）出让方、受让方和监督方签订"四荒"资源使用权拍卖协议书（合同）；

（六）乡（镇）人民政府对协议书（合同）进行核查后，报县级水行政主管部门审核批准、司法部门公证，并向受让方颁发由县级人民政府制定的"四荒"资源使用证。

第十三条 通过承包、租赁、股份合作等方式取得"四荒"资源使用权的，参照第十二条规定执行。

第十四条 "四荒"资源使用权转让协议书（合同），须具备下列主要内容：

（一）"四荒"资源现状；

（二）转让方式，使用期限，治理开发前与合同期满后地面附着物和治理成果的处置方式；

（三）用途，治理开发内容、进度、标准，检查监督方式；

（四）转让金数量、交付方式、交付时间；

（五）合同三方的权利、义务及违约责任；

（六）三方约定的其他事项。

第十五条 "四荒"资源使用权转让协议书（合同）的内容，不得违反国家有关法律法规，并要符合当地水土保持总体规划的要求。

第十六条 "四荒"资源使用权转让文书，包括上、报和批准文件、转让会议记录及其他相关图、表、文字材料等，应及时整理归档，一式三份，分别由农村集体经济组织、乡（镇）人民政府、县水行政主管部门保存。

第十七条 受让者在协议书（合同）生效后，开始治理开发活动，在治理开发"四荒"资源过程中具有下列权利和义务：

（一）在协议书（合同）规定范围内，有治理开发和生产经营自主权；

（二）对"四荒"资源治理开发后新增成果和财产的所有权，可依法进行继承、转让、抵押等；

（三）享受经各级政府和部门制定的有关优惠政策；

（四）遵守国家有关法律法规，不得造成新的水土流失和破坏原有水土保持设施；

（五）不得将"四荒"资源改作非农用途，严禁在坡度大于二十五度（或当地根据《水土保持法实施办法》规定的小于二十五度的禁垦坡度）的陡坡地上开荒种植农作物。

**第十八条** 农村集体经济组织应当自觉维护"四荒"资源治理开发者的合法权益，为其治理开发活动创造必要的条件，认真履行协议书（合同）的规定，不得因承办人和负责人的变动而随意变更合同内容或解除合同。

**第十九条** 乡（镇）人民政府要在治理开发"四荒"资源过程中认真贯彻国家有关法律法规和各项政策，严格监督出让方和受让方对协议书（合同）的执行情况。

**第二十条** 县级水行政主管部门要对治理开发"四荒"资源的工作进行检查和督促，加强日常管理，在政策允许范围内提供资金、物资等支持。积极参与"四荒"资源的治理开发，培育和建立示范样板，引导对"四荒"资源高质量地治理开发。会同其他业务部门在"四荒"资源治理开发的规划设计、技术培训和指导、实用科技成果推广、良种苗木和生产资料供应、提供市场信息和咨询等方面搞好服务。

**第二十一条** 国家依法保护"四荒"资源治理开发者的合法权益。地方政府应根据当地实际制定有利于"四荒"资源治理开发的各项优惠政策，并鼓励和支持城镇企业下岗职工、困难企业职工、机关干部、转业军人参与"四荒"资源的治理开发。

第二十二条 国家需要征用"四荒"资源治理开发成果时，应按有关规定给予出让方、受让方合理补偿。

第二十三条 "四荒"资源使用权转让金，实行农村集体经济组织所有，乡（镇）人民政府管理，县水行政主管部门监督的制度，设立专账，严格财务监督。转让金的使用范围，主要包括本村内的水土保持建设、为"四荒"资源提供必要的治理开发条件和转让过程中发生的一些直接开支。

第二十四条 在"四荒"资源的治理开发过程中，农村集体经济组织和乡（镇）人民政府应定期组织对治理开发者按协议书（合同）规定的治理开发内容进行检查和指导，必要时可邀请县水行政主管部门的技术人员参加。

第二十五条 由于人为因素而未能达到协议书（合同）规定的治理开发标准和进度要求的，农村集体经济组织可对受让方提出限期治理的要求。逾期仍不按要求治理的，农村集体经济组织在报乡（镇）人民政府核实并经县水行政主管部门批准后。可终止合同，无偿收回转让的"四荒"资源；达到或超过治理开发标准与进度要求，成效突出的单位和个人，由县级以上水行政主管部门或各级地方人民政府给予奖励。

第二十六条 在"四荒"资源使用权转让协议书（合同）执行过程中，如有违反国家有关法律法规的，按有关法律法规处理。

第二十七条 本办法由水利部负责解释。

第二十八条 本办法自印发之日起施行。

# 国务院办公厅关于进一步做好治理开发
# 农村"四荒"资源工作的通知

国办发〔1999〕102号

各省、自治区、直辖市人民政府，国务院各部委、各直属机构：

治理开发农村集体所有的"荒山、荒沟、荒丘、荒滩"（以下简称"四荒"，包括荒地、荒沙、荒草和荒水等）是提高植被覆盖率，防治水土流失和土地荒漠化，改善生活环境和农业生产条件，促进农民脱贫致富和农业可持续发展的一项重大战略措施。近年来，各地认真贯彻《国务院办公厅关于治理开发农村"四荒"资源进一步加强水土保持工作的通知》（国办发〔1996〕23号文件）精神，调动了广大农民及社会各方面的积极性，"四荒"治理开发取得了显著成效。但目前全国治理开发"四荒"的进展不平衡，有些地方还存在一些问题。主要是：有的地方追求眼前经济利益，破坏了林草植被，损害了生态环境；有的地方把林地、耕地和国有土地及权属有争议的土地当作"四荒"，进行使用权承包、租赁或拍卖；有的地方"四荒"使用权的承包、租赁或拍卖程序不规范，随意性大，群众参与不够；有的地方监督管理不力，出现了"包而不治"、"买而不治"的情况，承包、租赁或拍卖使用权的资金被挤占挪用，治理开发成果受到侵犯等问题。

为了进一步贯彻落实党的十五届三中全会《关于农业和农村工作若干重大问题的决定》中关于"制定鼓励政策，推进荒山荒沟荒丘荒滩使用权的承包、租赁和拍卖，加快开发和治理，切实保障开发者的合法权益"的精神，加强生态环境建设，促进农村经济发展，经国务院同意，现就进一步做好治理开发农村"四荒"资源的有关工作通知如下：

一、在"四荒"使用权承包、租赁或拍卖前，必须做好"四荒"界定、确权等基础性工作

（一）根据新修订的《中华人民共和国土地管理法》的规定，"四荒"属于"未利用地"。各级人民政府要据此严格界定"四荒"范围和土地类型，确定权属。承包、租赁或拍卖使用权的"四荒"地必须是农村集体经济组织所有的、未利用的土地。耕地、林地、草原以及国有未利用土地不得作为农村"四荒"。

"四荒"界定必须通过政府组织土地行政主管部门会同有关部门编制土地分类和划定土地利用区规划。在根据土地区位和利用条件确定"四荒"具体的治理开发方向后，再进行使用权承包、租凭或拍卖。待"四荒"完成初步治理后，根据其主导经营内容，依法分别由县级以上人民政府发放土地证、林权证、草原证或养殖使用证等相应的权属证明，对"四荒"治理开发工作实行依法管理。

（二）权属不明确、存在争议的未利用土地，由县级以上人民政府依法确认权属；在问题没有解决前，不得将其作为"四荒"进行使用权承包、租赁或拍卖。

（三）对"四荒"一般应先承包、租赁或拍卖使用权，后进行治理。但对一些条件差、群众单户治理有困难的"四荒"，可先由集体经营组织作出规划并完成初步治理后，再将其使用权承包、租赁或拍卖给个人进行后续治理开发和管护。

（四）对在"四荒"使用权的承包、租赁或拍卖中涉及到的"两山"（自留山、责任山）问题，应慎重处理。"两山"是林地的组成部分，不在"四荒"之列。对承包后长期没有得到治理的责任山可由集体收回使用权，另行承包、租赁或拍卖，但要重新签订合同并办理林权变更登记手续。

二、对"四荒"使用权承包、租赁或拍卖必须严格按程序规范进行，并切实保护治理开发者的合法权益。

（一）农村集体经济组织内的农民都有参与治理开发"四荒"的权利，同时积极支持和鼓励社会单位和个人参与。在同等条件下，本集体经济组织内的农民享有优先权。

（二）农村"四荒"资源属当地农民群众集体所有，农村集体经济组织在实施承包、租赁或拍卖"四荒"使用权之前，必须坚持公开、公平、自愿、公正的原则，充分发扬民主，广泛征求群众意见，应成立由村民代表参加的工作小组，拟定方案，要规定治理开发"四荒"的范围、期限、方式（承包、租赁、拍卖等）与程序、估价标准，明确治理开发的内容和要求等，经村民会议或者村民代表大会讨论通过。依照有关土地管理的法律、法规须报经县级以上人民政府批准的，应办理有关批准手续。如果承包、租赁或拍卖对象是本集体经济组织以外的单位或者个人，必须经村民会议三分之二以上成员或者三分之二以上村民代表的同意。

（三）承包、租赁或拍卖"四荒"使用权，农村集体经济组织要与对方签订合同或协议。合同或协议的内容应符合国家有关法律法规，并应依法明确双方的权利、义务和违约责任。合同和协议经县级人民政府批准生效后，双方都应认真履行。农村集体经济组织不得因负责人的变动而随意变更合同内容或解除合同。采取拍卖方式的，要标定拍卖底价，实行公开竞价。"四荒"使用权承包、租赁或拍卖的期限最长不得超过 50 年。

（四）要严格执行谁治理、谁管护、谁受益的政策，切实保护治理开发者的合法权益。治理开发者在规定的承包、租赁或拍卖期限内享有"四荒"使用权。"四荒"使用权受法律保护，依法享有继承、转让（租）、抵押或参股联营的权利。要广泛宣传教育，增强干部群众的法制观念，提高其维护治理开发者利益的自觉性。执法部门要及时依法处理和打击各类损害、破坏、侵犯治理开发成果的行为。

三、建立稳定的投入机制，加强对"四荒"使用权承包、租赁或拍卖资金的管理

为了加快"四荒"治理开发进程，必须调动广大农民和社会各方面的积极性，坚持国家、地方、集体和个人一起上，多渠道、多层次筹集资金。各级政府要逐步增加财政对治理开发"四荒"的支持，引导信贷资金、社会资金更多地投向治理开发"四荒"。国家预算内生态建设资金、农业综合开发资金、扶贫资金、以工代赈资金，以及水利、林业、农业等方面资金使用，应统筹安排，把治理开发农村"四荒"作为一项重要内容，有些资金可以直接支持到户。银行、信用社要在加强管理、保证资金回收的基础上增加"四荒"治理开发的贷款，期限应长一些。

收取的承包、租赁或拍卖资金实行村有乡管，可专户储存在农村信用社，由乡镇农村集体资产管理机构代管。资金使用由农村集体经济组织决定，并实行帐目公开，只能用于"四荒"

范围内的水利设施建设、植树造林种草和小型农田建设等，任何单位和个人不得平调、挪用，不准用于非生产性开支，更不准平分到户。要建立严格的资金使用申报和管理监督制度。收取的资金要列入农村集体资产管理，资金的使用情况要定期向群众公布，乡镇农村集体经济审计机构要进行专项审计，对违反规定的要坚决纠正，对贪污、挪用的要依法追究责任。

四、因地制宜定"四荒"治理开发规划，加强监督检查

"四荒"治理开发必须以保护和改善生态环境、防止水土流失和土地荒漠化为主要目标，以植树种草为重点，合理安排农、林、牧、副、渔各业生产，具体按照土地利用总体规划进行。要依照《中华人民共和国土地管理法》、《中华人民共和国水土保持法》、《中华人民共和国森林法》等有关法律法规。对"四荒"资源治理开发实施用途管制。各地要在土地利用总体规划的控制和指导下，抓紧制定"四荒"治理开发实施计划，提出鼓励、适度限制和禁止发展的项目。

对位于江河源头、干支流两侧、湖库周围、石质山区、风沙干旱区、高山陡坡地带、脉顶脊部位、生物多样性丰富地区和其他生态环境脆弱地区适宜植树种草的"四荒"地，要大力植树种草。对长江上游、黄河中上游重点生态治理区，要采取封山育林种草为主、人工促进天然更新与人工造林相结合的方式，配套节水工程等综合水利设施建设，全面恢复和建设林草植被。

对东北、华北、西北沙化地区，实行分类防治。将目前尚无治理条件的大漠戈壁划为封禁区，实施封禁，防止人为因素使其扩大蔓延；将有条件治理或利用过度造成沙化的区域划为

治理区，以培育和保护林草植被为中心，配套水利工程措施实施综合治理；将已开发利用，但有沙化危险的区域划为保护利用区，实施监测管理，防止退化为新的"沙荒"。

要充实和加强监督执法力量，加大监督检查和执法力度，搞好"四荒"治理开发全过程的监管，保证治理开发目标的实现。有关部门和农村集体经济组织应定期对"四荒"的治理开发情况和进度进行检查，对治理开发中的各种违法违规行为，要依法进行处罚。对于治理进展缓慢，未达到或协议规定进度的，要提出限期治理的要求；对于长期违约不治理开发的，可以收回使用权。对于毁坏林草植被种植农作物和其它掠夺式开发造成水土流失的，破坏道路和农田水利、水土保持工程设施的，以及将"四荒"改作非农用途的，要限期改正，否则收回其使用权，并依法予以处罚。

五、加强部门协作，落实管理责任

治理开发农村"四荒"工作，包括水土保持、造林种草、土地承包等多项内容，涉及到国土资源、水利、农业、林业等多个部门，地方各级政府要高度重视这项工作，切实加强领导，搞好统筹协调，不断研究新情况，解决新问题，总结新经验。这项工作的归口管理部门，由各省、自治区、直辖市人民政府根据实际情况确定。国务院有关部门应根据职能分工，落实各自的管理责任，通力合作，加强对治理开发农村"四荒"资源工作的服务、指导、监督和管理，及时帮助解决农民和其他治理者在开发治理中遇到的困难，保证"四荒"的承包、租赁或拍卖与治理开发工作健康、有序进行。水利部门要做好"四荒"治理中的水土保持方面的工作，协调水土流失的综合治理，研究制定水土保持的工程措施规划并组织实施。林业部门要做好以生物措施防治水土流失方面的工作，制定宜林"四荒"地造林绿化规划，进一步加强树种的基础研究工作，组织种苗供应、给予技术指导并组织实施，依法对宜林"四荒"地确权发证。土地部门要会同有关部门进一步依法做好"四荒"的范围、土地类型界定、"四荒"开发利用规划，办理使用"四荒"的土地登记和土地开发审批等有关手续。农业部门要做好"四荒"开发中的保土耕作措施，开展农业技术、信息等方面的服务。

各地人民政府和有关部门要根据本通知精神，对"四荒"治理开发情况进行一次专项清理检查。凡是出台的政策措施和治理开发行为与本通知精神不一致的，都要予以纠正。

国务院办公厅

一九九九年十二月二十一日

# 国家农业综合开发土地治理项目和
# 资金公示制暂行规定

国家农业综合开发办公室关于印发《国家农业综合开发
土地治理项目和资金公示制暂行规定》的通知

国农办〔2004〕35号

各省、自治区、直辖市、计划单列市财政厅（局）、
农业综合开发办公室（局），新疆生产建设兵团财务
局、农业综合开发办公室，农业部农业综合开发办
公室：

为进一步提高农业综合开发土地治理项目和资金
透明度，接受农民群众和社会监督，国家农业综合开
发办公室研究制定了《国家农业综合开发土地治理项
目和资金公示制暂行规定》，现随文印发给你们，请认
真遵照执行。在执行中有何问题和意见，请及时向国
家农业综合开发办公室反馈。

国家农业综合开发办公室

2004年4月5日

**第一条** 为进一步提高农业综合开发土地治理项目和资金
的透明度，主动接受农民群众和社会监督，确保项目实现预期
效益，根据国务院办公厅转发财政部《关于农业综合开发的若

干意见》（国办发〔2002〕13 号）和财政部《关于改革和完善农业综合开发若干政策措施的意见》（财发〔2003〕93 号）的有关要求，制定本规定。

第二条　农业综合开发土地治理项目和资金公示制（以下简称公示制）是指县级农发办事机构和项目实施单位通过在项目区设立公示牌、公示栏等形式，公布土地治理项目和资金有关内容，以接受项目区农民群众和社会监督的制度。

第三条　公示制应当遵循真实、及时、公开的原则，县级农发办事机构对公示内容的真实性负责。

第四条　县级农发办事机构作为公示的直接责任人，承担项目实施和竣工验收阶段的公示，指导和监督项目乡镇、村组做好项目申报阶段的公示。

第五条　项目申报、实施和竣工验收三个阶段应实行公示制。

（一）项目申报前，拟申报项目的乡镇应向农民群众公示项目的建设地点、规划方案、需农民筹资投劳方案等内容，以广泛听取农民意见，优化项目设计，确保农民筹资投劳方案的落实。

（二）项目实施阶段，以项目区为单位向农民群众公示项目的建设内容、主要工程及数量、财政资金及农民筹资投劳的使用计划情况等。在主要单项工程实施地点，向农民群众公示所建工程的标准、投资和施工、监理单位等情况。

（三）项目竣工验收后，以项目区为单位向农民群众公示项目的名称、投资完成情况（包括农民筹资投劳使用情况）、建设内容、主要工程及数量、项目预期效益、运行管护（包括管护范围、内容、责任单位或责任人等)。

**第六条** 项目实施阶段和竣工验收阶段的公示内容应向上一级农发办事机构备案。上一级农发办事机构发现公示内容不当或错误的,应责令改正。经省级农发办事机构或国家农发办同意,项目实施计划进行调整的,应在竣工验收阶段的公示中予以说明。

**第七条** 公示的方式主要采用在项目区内设立公示牌、公示栏、公示墙等,也可采用印发简报、宣传单或在当地新闻媒体发布信息等方式。

**第八条** 设立公示牌、公示栏、公示墙等,应符合经济适用、清楚规范的要求,尽可能利用排灌站和机电井管护房等建筑物,坚决杜绝形象工程,严禁建设豪华公示牌。

**第九条** 申报审批阶段的公示应至少保留 20 天,项目实施阶段的公示应至少保留 10 天,竣工验收阶段的公示应至少保留 3 年。

**第十条** 各阶段的公示都应注明对公示内容的质询、举报渠道,如电话、信箱和联系人等。

**第十一条** 项目区农民群众如对公示内容有疑问,可以向县级农发办事机构提出质询,县级农发办事机构应当在 15 天内作出答复。

**第十二条** 县级农发办事机构未及时作出答复或者质询人对答复不满意的,质询人可以在答复期满后 15 天内向其上一级农发办事机构反映。上一级农发办事机构应在 30 天内,对反映事项进行核实并作出处理决定。对以实名反映的,应以书面形式将处理结果通知质询人。

第十三条　县级以上农发办事机构要将公示制执行情况作为项目和资金管理考核的重要内容，加强监督指导。

第十四条　各省（区、市）可根据本规定制定实施细则，并报国家农发办备案。

第十五条　本规定由国家农发办负责解释。

第十六条　本规定自颁发之日起执行。

# 土地开发整理项目及资金管理工作
# 廉政建设规定

中共中央纪委驻国土资源部纪律检查组关于印发
《土地开发整理项目及资金管理工作廉政建设规定》的通知

国土资纪〔2001〕27号

各省、自治区、直辖市国土资源厅（国土环境资源厅、国土资源和房屋管理局、房屋土地资源管理局、规划和国土资源局），计划单列市土地管理局（城乡规划土地局、规划国土局），新疆生产建设兵团土地管理局，各直属单位：现将《土地开发整理项目及资金管理工作廉政建设规定》印发给你们，请遵照执行。

2001 年 12 月 13 日

**第一条** 为规范领导干部在土地开发整理项目及资金管理活动中的行为，防止土地开发整理工作中各种腐败现象和不正之风的发生，根据党中央、国务院关于党风廉政建设有关规定，结合我部实际，特制定本规定。

**第二条** 各级国土资源管理部门要高度重视项目及资金管理理，坚持以"项目管理"为龙头，"资金管理"为核心，"制度建设"为保障的原则，按照"抓紧、抓细、抓实、抓好"的要求，加强领导，精心组织，落实责任，严格管理。

**第三条** 项目管理坚持依法行政，按程序办事。项目的申报和立项，要坚持逐级上报，省级排序，集体决定；项目申报单位提供的申报材料必须真实可信。

严禁项目申报单位采取不正当手段到主管部门拉关系、走门路、跑项目；严禁申报材料弄虚作假，切实杜绝不正之风。

**第四条** 国土资源部建立窗口办文制度，设专门窗口受理项目报件，项目实行一年一报和一年一定制度，由省级国土资源管理部门统一报送；建立项目审查人责任制度，项目审查经办人员要恪守客观、公正的原则，按规定对项目申报材料进行认真审查，并对审查结论负责；建立会审制度，项目的立项、项目计划和资金预算，必须由有关部门共同研究审核，报部主管领导同意或者报部专题会议确定。

严禁项目审查经办人员私自向申报单位通报审查情况、私自修改项目申报材料、对项目申报单位作任何违反规定的承诺。

**第五条** 项目承担单位组织实施项目，要实行项目法人制、工程招投标制和工程监理制。项目实施采取合同管理方式，规划设计单位、工程建设单位的确定，必须面向社会公开招标，订立合同；项目配套设备实行政府采购制度，用项目资金购置的配套设备必须按固定资产进行管理；建立项目公告制度，项目主管部门、承担单位、项目建设任务、规模、投资、规划设计、施工单位等要实行现场公示，项目验收后要通过媒体予以公布，增加透明度，主动接受社会监督。

**第六条** 各级国土资源管理部门要完善资金财务管理机构，建立健全金管理制度。项目资金必须按规定的用途使用，严格实行专款专用，专项管理、单独核算。

不准截留、挪用、坐支项目资金；不准设立小金库，乱支滥发或者变相集体私分；不准在项目资金中报销应属个人承担的费用。

**第七条** 各级国土资源管理部门不得以土地开发整理的名义，兴办与土地开发整理有关的经营性经济实体。已经开办的经营性经济实体，必须与国土资源管理部门脱钩；没有脱钩的，不得参与项目工程建设。具有土地开发整理管理职能的事业单位，不能以任何名义参与项目的工程建设。

**第八条** 严禁各级国土资源管理部门处级以上领导干部和项目管理部门干部的配偶、子女个人经营的公司，承担该领导干部管辖范围和管辖地区内项目的工程建设。

与项目管理有关的部门、单位及有关责任人员不准利用职权或职务上的便利为自己或亲友谋取不正当利益；不准收受服务对象的现金、有价证券和支付凭证；不准占用服务对象的车辆、通信工具和其他贵重物品；不准接受可能影响公正执行公务的礼品馈赠、宴请、出国（境）考察、国内旅游；不准参加用公款支付的高消费娱乐、健身活动；不准在规划设计、工程建设合同单位任职、兼职、领取报酬。

**第九条** 加强对项目实施和项目资金使用情况的监督检查。国土资源系统各级土地开发整理的管理部门、财务部门、纪检监察部门，要定期或不定期地对项目管理部门和承担单位及有关责任人员履行职责情况、项目实施情况、项目资金使用和管理情况进行监督检查。对弄虚作假、截留、挪用和坐支项目资金等违法违纪行为，一经发现，要采取果断措施予以制止和纠正；情节严重的，追究单位和有关责任人员的经济、行政责任；

涉嫌经济犯罪的，移交司法部门依法追究其刑事责任。

**第十条** 国土资源系统各级纪检监察部门，对项目及资金管理工作中出现的违反有关国家法律、法规、部门规章以及本规定的行为，要追究有关责任人员和有关领导干部的责任直至给予党纪政纪处分；对触犯法律的，移交司法机关处理。

**第十一条** 矿产资源补偿费使用管理工作的廉政建设，参照本规定执行。

# 国家农业综合开发土地治理项目建设标准

国家农业综合开发办公室关于印发

《国家农业综合开发土地治理项目建设标准》的通知

国农办〔2004〕48号

各省、自治区、直辖市、计划单列市财政厅（局）、农业综合开发办公室（局），新疆生产建设兵团财务局、农业综合开发办公室，农业部、水利部、国土资源部、国家林业局农业综合开发办公室：

为贯彻落实财政部《关于改革和完善农业综合开发若干政策措施的意见》（财发〔2003〕93号），进一步规范和加强农业综合开发土地治理项目管理，我们研究制定了《国家农业综合开发土地治理项目建设标准》，现随文印发给你们，请遵照执行。原《国家农业综合开发土地治理项目试行标准》（国农办〔2003〕130号）同时废止。在执行中有何意见和建议，请及时向国家农业综合开发办公室反馈。

各省农业综合开发办公室和中央农口有关部门，可按照本标准制定实施细则，并报国家农业综合开发办公室备案。

国家农业综合开发办公室

2004年5月24日

为了实现农业综合开发土地治理项目的投资目标，达到预期效益，参照国家农业、林业、水利等部门有关技术规范和建设规程，结合农业综合开发自身特点，制定本标准。

凡国家立项投资的农业综合开发土地治理项目，均须按照本建设标准进行规划设计、施工建设和检查验收。

农业综合开发土地治理项目包括中低产田改造、中型灌区节水配套改造、生态综合治理等建设内容。

## 中低产田改造建设标准

一、综合标准

1. 项目区农业基本生产条件和生态环境明显改善，抵御自然灾害能力显著增强，农业特别是粮食综合生产能力提高，建成稳产高产、旱涝保收、节水高效的高标准基本农田。

2. 项目区有明确的范围，按灌区、流域进行统筹规划，集中连片进行规模开发。项目建设要突出解决制约当地农业生产的关键障碍因素，在此基础上，因地制宜采取水利、农业、林业和科技等综合配套措施，进行山水田林路综合治理。

3. 项目区与非项目区有明显区别，平原地区的项目区达到田成方、林成网、渠相通、路相连、旱能灌、涝能排、渍能降，基本实现园田化；丘陵山区的项目区，川地基本实现园田化，坡地基本实现梯田化。

二、高标准基本农田标准

（一）水利措施

1. 灌溉工程

（1）灌溉系统规划科学，灌溉用水有保证，水质符合农田灌溉用水标准，因地制宜采取工程、农艺、管理等节水措施，灌溉制度科学合理。

（2）湿润半湿润地区灌溉保证率：旱作区不低于 75%，水稻区不低于 85%；干旱半干旱地区灌溉保证率：旱作区不低于 50%，水稻区不低于 75%；其他地区一般不低于 70%。

（3）新建、除险加固和更新改造的小型水库、塘坝及引水渠首等工程，符合水利部门规定的技术要求和设计标准；井灌工程做到地下水资源合理利用、采补平衡；机井和泵站的水工建筑物、机电设备、10kv 以下输变电设施配套齐全，综合装置效率达到有关规范标准。

（4）输水、配水渠系（管道），桥、涵、闸等建筑物和田间灌溉设施配套齐全，性能与技术指标达到规范标准。渠道衬砌应坚固耐用，抗冻性能好；管道输水的干、支两级固定管道长度，每亩 为一般为 5m 以上，井、水泵、管道、出水口等综合配套，便民务实；在有条件且农民群众有积极性的地区，允许采用喷灌、微灌等先进节水技术，以大幅度提高水的利用率和生产效率。

（5）灌溉条件较差的旱作农业区，应采取农艺、工程等节水措施提高天然降水的利用率。农艺节水措施包括蓄水保墒、地膜（秸秆）覆盖、选用抗旱品种、施用抗旱保水剂等，各项措施符合技术规范。工程节水措施主要是建立小型蓄水工程，即根据降雨、地形、耕地等条件，合理布设小型塘坝、蓄水池、水窖等工程，做到坚固耐用，使用方便，如采用注水种，水源最大田间运距采用畜力的一般不大于 200m，采用机械的一般不大于 500m。有条件且群众有积极性的地区，允许因地制宜采用微灌、喷灌等先进节水技术，所需过滤器、输水管道、滴头等配套齐全。

（6）推行科学合理的灌溉模式。水稻区推广"薄、浅、湿、晒"模式；蔬菜等经济价值较高的作物采用节水、丰产灌溉模式；严重缺水地区采用灌关键水等非充分灌溉模式。

（7）项目区水资源开发利用，宏观上实行总量控制，微观上实行用水定额管理。积极推行用水户参与灌溉管理模式，配备必要的量水设施，按用水量和核准的水价收取水费，以管理促节水。

2. 排水工程

（1）排涝设计标准不低于 3~5 年一遇，主要建筑物防洪设计标准不低于 10~20 年一遇。

（2）排水系统健全，排水出路通畅，排水渠系断面及坡度设计合理，桥、涵、闸等建筑物配套，末级固定排水沟的深度和间距，符合当地机耕作业、农作物对地下水位的要求。排水工程设计：旱作区一般采用 1~3 天设计暴雨，从作物受淹起 1~3 天排至田面无积水；水稻区一般采用 1~3 天设计暴雨，3~5 天排至耐淹水深。

（3）有渍害的旱作区，在设计暴雨形成的地面明水排除后，应在农作物耐渍时间内将地下水位降到耐渍深度；水稻区在晒田期 3~5 天内将地下水位降到耐渍深度。

（4）改造盐碱地要建立完善的排灌系统，在返盐（碱）季节前将地下水位降到农作物生长的临界深度以下；在农作物播种出苗等生长关键期，控制 0~20cm 表土层的含盐量，以不危害农作物的正常生长为限。

（二）农业措施

1. 农田工程

（1）土地平整，集中连片。平原地区的田（地）块，要以有林道路或较大沟渠为基准形成格田，以适应农业机械化和田间管理要求。北方地区格田面积为 200～400 亩；南方地区为 50～100 亩。

（2）丘陵山区的 10～25 度坡耕地，按照有利于水土保持要求，建成等高水平梯田（地），地面平整，并构成反坡；土壤活土层厚度一般不小于 25～30cm，田面宽度一般要达到 3m 以上，田（地）埂稳定牢固（南方地区的田埂要采用石块衬砌或建设生物梯坎），修建好排水沟、泄洪沟，达到防洪标准，防止水土流失。

2. 田间道路

布局合理，顺直通畅。机耕路建设分干道、支路两级，干道要与乡、村公路连接，必要时进行简易硬化，保证晴雨天畅通，能满足中型以上农业机械的通行；支路应配套桥、涵和农机下田（地）设施，便于农机进出田间作业和农产品运输。

3. 土壤改良

（1）通过施用农家肥、秸秆还田等措施，土壤耕作层有机质含量提高 0.1 个百分点以上。

（2）改造瘠薄地要加厚土层，使耕作层达到 20cm 以上。改造砂姜黑土或土壤中卵石多的地块，要清除砂姜卵石并掺合粘土。

4. 良种繁育与推广

在有条件而又需要的项目区建立优质良种繁育基地，修建种子晾晒、仓储设施，配备必要的种子加工检测设备。良种繁育能力设计或区域内已具备的繁育能力，能够满足项目区内优势农产品生产的需要，优良品种的覆盖率达到100%。

5. 农业机械化

积极推广农业机械化作业。平原地区主要作业环节基本实现机械化，丘陵山区农业机械化水平在原有基础上有较大提高。

（三）林业措施

1. 因地制宜地采取林业措施，平原地区加强农田防护林网建设；丘陵山区要积极营造水土保持林、水源涵养林；土地沙化地区要加强防护林带建设，可适当减小林网网格面积。

2. 项目区内主要道路、沟渠、河流两侧，要适时、适地、适树进行植树造林，长度达到适宜植树造林长度的90%以上。造林时应预留出农机进出田间的作业通道。

3. 人工造林苗木胸径达到3cm以上，造林当年成活率达到90%以上，三年后保存率要达到85%以上，林相整齐，结构合理。

4. 平原地区的农田防护林网建设，要达到林业部门规定的标准，防护林网格面积与格田面积一致；防护林网控制面积占宜建林网农田面积的比例，北方地区达到85%以上，南方地区原则上达到75%以上。

（四）科技措施

1. 技术推广。在项目建设期间，推广2项以上先进适用技术，重点是农产品质量安全、标准化生产等方面的技术。鼓励采用经济适用的新材料、新工艺、新技术，提高工程建设质量。

2. 培训。在项目建设期间，对项目区受益农户进行先进适用技术培训 2~3 次。要加强对项目区乡村干部、技术员、财务人员和受益农户在农业综合开发政策方面的培训，使其熟悉有关资金和项目管理方面的要求，更好地完成项目建设任务。

3. 扶持农技服务组织。适当扶持原有农技服务体系，重点支持具有技术推广服务功能的农民专业合作经济组织，通过为其配备必要的仪器设备、补助适量服务经费等方式，明确其在项目建设中的具体任务，并严格进行考核。

三、优势农产品基地标准

优势农产品基地，特指具有资源优势、产业基础和市场需求，在国内外市场具有较强竞争力，具备一定规模、产业化经营程度较高的种植业（经济林除外）优势农产品生产基地。优势农产品基地除执行高标准基本农田建设标准的有关规定外，应针对主导优势农产品的实际生产需要，突出节水、良种、农机、技术推广服务等建设内容，并适当提高投资标准。基地建成后，主导优势农产品的种植面积不低于项目区农作物种植面积的 70%；良种基本实现统一供应，并且来源有保障；农技服务、质量检测（检验）体系配套完善，保证标准化生产的需要，产品质量安全，产品市场相对稳定；基地具备一定规模，形成产地品牌，有相应的龙头（企业或市场）作保障，产业化经营程度较高，项目区农民增收明显。

## 中型灌区节水配套改造建设标准

一、综合标准

1. 通过对中型灌区灌排骨干工程设施进行续建配套和节水改造，为农业综合开发项目区创造灌排骨干工程条件，直接为中低产田改造提供服务。

2. 灌区范围明确，设计灌溉面积一般不低于5万亩，不超过30万亩。规划设计科学合理，符合区域水资源利用总体规划和节水灌溉发展规划。

3. 项目建设过程中推行了项目法人制、招投标制、工程监理制和公示制，骨干工程设施质量优良，总体完好，运行管护规范。

4. 灌溉保证率：湿润半湿润地区：旱作区不低于75%，水稻区不低于85%；干旱半干旱地区：旱作区不低于50%，水稻区不低于75%；其他地区一般不低于70%。

5. 灌区管理体制改革到位，灌区运行机制完善，建立用水户协会，成立供水实体，用水户参与灌溉管理模式初步形成。

二、工程标准

（一）水源及渠首工程

1. 灌溉水源有保障。灌溉水源水质符合农田灌溉水质标准。水源及渠首工程（含机电井）总体完好，运行安全可靠。

2. 井灌工程做到地下水资源合理利用、采补平衡。

（二）灌排渠系

1. 干支渠道能保证设计输水能力，边坡稳定，水流畅通。

2. 干支渠道衬砌的技术指标达到规范要求，坚固耐用，抗冻性能好。输水管道、暗渠等设计合理，技术指标达到规范要求。渠系水利用系数绝对值提高0.1以上。项目区单位面积用水量节约15%以上。

3. 排水系统健全，排水出路通畅，排涝设计标准不低于3～5年一遇，主要建筑物防洪设计标准不低于10～20年一遇。

（三）渠系建筑物

1. 农桥、涵洞、水闸、渡槽、倒虹吸、隧洞等渠系建筑物分布合理，能满足灌排系统水位、流量、泥沙处理、运行管理的要求，适应群众生产生活的需要。

2. 渠系建筑物的设计、施工符合现行有关标准的规定。

（四）量水设施

灌溉渠道的进水口、分水口等处配备必要的量水设施，并与渠系建筑物结合布置。

## 生态综合治理建设标准

生态综合治理主要包括草原（场）建设、小流域治理、土地沙化治理等建设内容。

一、草原（场）建设标准

在牧区实施的草原（场）建设项目，主要包括人工草地、天然草场改良、天然草场划区轮牧、饲料基地、草籽繁育基地和畜牧基础设施等建设内容。

（一）综合标准

项目区相对集中连片，天然草场成片面积在 5000 亩以上，人工草地在 1000 亩以上；人工草地覆盖度达到 95% 以上，亩产优质青干草达 250kg 以上；天然草场退化草地改良治理后，优良牧草占 40% 以上，牧草产量在原基础上提高 30% 以上，草地覆盖度达到 90% 以上；沙化草地经治理后，草地覆盖度达到 90% 以上，优良牧草占 40% 以上，亩产青干草达到 150kg 以上；天然草场划区轮牧，牧草产量增加 20% 以上，载畜量提高 0.8 倍以上；饲料基地亩产青贮饲料 2500kg 以上，精饲料 200kg 以上，多汁饲料 3000kg 以上；草籽繁育基地亩产草籽 18kg 以上。

（二）水利措施

1. 灌溉人工草地、饲料基地和草籽繁育基地，有可靠的水源和配套齐全的灌溉设施。采用节水灌溉方法与技术，灌溉人工草地灌溉保证率在 50% 以上，饲料基地、草籽繁育基地灌溉保证率在 75% 以上。

2. 天然草场改良，在有条件的地方建小塘坝、集雨工程等，以适时对退化及沙化草地实施灌溉。

3. 划区轮牧区的牧道和饮水点设置合理，一般轮牧区采用固定和移动饮水方式，固定饮水点与放牧场适宜距离为 1.5km 左右。

（三）草业措施

1. 围栏。网围栏符合 ZBB92001—003 环扣式镀锌钢丝网围栏标准，围栏高度在 1.1~1.3m；生物围栏采用密实种植，宽度 l.5~2.0m；划区轮牧小区利用网围栏、太阳能、风能围栏或活动围栏进行分隔保护。

2. 耕作。选择适宜的播期、播深和播量，精耕细作，采取有效措施保证苗全、苗齐、苗壮。旱作人工草地原则上采用免耕播种等保护性耕作技术。

3. 良种。选择适合当地水土条件，抗旱、抗寒、抗逆性强、产量高、营养价值高的优质牧草和饲料作物品种，牧草种籽和饲料作物种籽的纯净度达到 85% 以上，发芽率达到 95% 以上。1000 亩以上的草籽繁育基地，根据需要配置仓库、晒场和种子精选设备。

4. 畜牧基础设施。标准化棚圈符合当地统一设计标准，砖木结构，建筑面积按一个羊单位 $0.5m^2$ 计算，但不少于 $150m^2$；配套活动场院面积按一个羊单位 $3m^2$ 计算，但不少于 $600m^2$；配套贮草棚面积按一个羊单位 $0.6m^2$ 计算，但不少于 $180m^2$ 平方米；青贮窖就地取材，坚固耐用，内壁光滑，防冻，不透气，青贮体积按一个羊单位 $0.1m^3$ 计算，但不少于 $30m^3$；药浴采用洗浴池和移动淋浴式，洗浴池坚固耐用，防冻，长度在 15m 以上。

5. 牧业机械化。地势相对平坦的草场作业基本实现机械化，小丘陵和沙丘作业实行机械和人工相结合。

（四）科技措施

1. 技术推广。普遍推行牧草免耕播种、划区轮牧、天然草地补播、牧草混播、优质牧草选育、鲜草捆包、牧草综合加工、节水灌溉、胚胎移植、疫病防治等先进适用技术，使项目区科技贡献率比当地平均数提高 5 个百分点。

2. 技术培训。在项目建设期内，对基层干部、技术人员进行先进适用技术培训 3 次，对家庭牧场户培训 2 次，每个项目区至少有 2 名科技骨干。

二、小流域治理建设标准

在水土流失较为严重地区实施的小流域治理项目，主要包括坡耕地治理、沟道治理、小型蓄排水工程、成片造林、封山育林、退耕还林（草）、沼气池等建设内容。采取生物与工程相结合的措施，进行综合治理，项目区治理面积不低于 1000 亩，治理程度达 70% 以上。

1. 坡耕地治理。梯田的田面宽度在 $3\sim5m$ 以上，防御暴雨标准不低于 10 年一遇，$3\sim6$ 小时最大降雨，做到田、路、沟、渠配套。

2. 沟道治理。做到大、中、小型工程相互配套。谷坊工程防御标准为 10~20 年一遇，3~6 小时最大暴雨。小型淤地坝应做到土坝与溢洪道或土坝与泄水洞配套，淤积年限一般为 5 年；中型以上的淤地坝应做到坝体、溢洪道、泄水闸配套齐全，淤积年限不小于 5 年。设计洪水标准，中型坝按 10~30 年一遇确定，大型坝按 30~50 年一遇确定。

3. 小型蓄排水工程。坡面、路旁、沟底小型蓄排水工程布局合理，截水沟的间距为 20~30m，防御暴雨标准不低于 10 年一遇，24 小时最大降雨量。

4. 成片造林。造林面积在 30 亩以上，当年人工造林成活率和三年后保存率达到 85% 以上，林地内不存在连片面积 1 亩以上宜林的无林地块。

5. 封山育林。每个封育区面积不小于 500 亩，南方地区 5 年，北方地区 7 年后林草覆盖率达到 90% 以上，不存在 1 亩以上无林草地块。

6. 退耕还林（草）。25 度以上坡地必须退耕还林还草，当年造林种草成活率和三年后保存率达到 85% 以上；16 度~25 度坡地，土壤侵蚀严重的地段必须退耕还林还草，林木或林草覆盖率达到 50% 以上。坡面较长的坡耕地，沿等高线方向种植固定的草带（或灌木带），草带（或灌木带）间距离 12m~20m。

7. 农村能源生态建设。因地制宜发展以沼气池为基本建设内容的农村能源生态建设，完善推广"四位一体"（即沼气池、猪圈、厕所、日光温室四位一体，主要适用于北方地区）、"五配套"（即在"四位一体"模式基础上加建 10m³ 水窖，主要适用于西北干旱缺水地区)、"猪沼果(菜)"(即建设畜禽舍、沼气池、果园或菜地等,主要适用于南方地区)等能源生态模式和技术。沼气池内壁坚固,保温性能和封闭性能良好,容积不小于 $6m^3$,有安全通道与农户厕所、畜禽棚圈等相连接,能够有效地利用秸秆、人畜粪便等生产沼气,为农户生产、生活提供必要的光、热等能源。

三、土地沙化治理标准

在土地沙化较为严重地区实施的土地沙化治理项目,要选择水土条件相对较好、地势平坦、土层厚度在 30cm 以上、治理潜力较大的地区进行治理,年度单个项目区治理面积不低于5000 亩。周边植被盖度 0.2 以下的地带,林草覆盖率要达到80% 以上;周边植被盖度 0.2~0.4 的地带,林草覆盖率要达到90% 以上。其他治理措施参照执行中低产田改造建设标准。

中低产田改造、中型灌区节水配套改造和生态综合治理项目的主要建设工程的产权归属明确,管护主体落实,管护制度健全,管护责任落实。各项工程设施保持完好,能长期发挥效益。项目区设有必要的公示牌,主要工程建筑物上有农业综合开发标志。

# 用于农业土地开发的土地
# 出让金收入管理办法

财政部、国土资源部关于印发

《用于农业土地开发的土地出让金收入管理办法》的通知

财综〔2004〕49号

各省、自治区、直辖市、计划单列市财政厅（局）、国土资源管理厅、国土资源和房屋管理局、规划和国土资源局、房屋土地资源管理局、国土环境资源厅：

根据《国务院关于将部分土地出让金用于农业土地开发有关问题的通知》（国发〔2004〕8号）的规定，从2004年1月1日起，将部分土地出让金用于农业土地开发。为加强对各地用于农业土地开发的土地出让金收入管理情况的检查、监督和考核工作，确保国务院关于将部分土地出让金用于支持农业土地开发的重大决策落到实处，现将《用于农业土地开发的土地出让金收入管理办法》印发你们。请结合本地区的实际情况，抓紧组织研究落实。

执行中有何问题，请及时向财政部、国土资源部报告。

二〇〇四年七月十二日

第一条　根据《国务院关于将部分土地出让金用于农业土地开发有关问题的通知》（国发〔2004〕8号）的规定，从2004年1月1日起，将部分土地出让金用于农业土地开发。为加强对各地用于农业土地开发的土地出让金收入管理情况的检查、监督和考核工作，特制定本办法。

第二条　土地出让金用于农业土地开发的比例，由各省、自治区、直辖市及计划单列市人民政府根据不同情况，按各市、县不低于土地出让平均纯收益的15%确定。

从土地出让金划出的农业土地开发资金计算公式为：

从土地出让金划出的农业土地开发资金 = 土地出让面积×土地出让平均纯收益征收标准（对应所在地征收等别）×各地规定的土地出让金用于农业土地开发的比例（不低于15%）。

第三条　本办法所称土地出让平均纯收益征收标准是指地方人民政府出让土地取得的土地出让纯收益的平均值。由财政部、国土资源部根据全国城镇土地等别、城镇土地级别、基准地价水平、建设用地供求状况、社会经济发展水平等情况制定、联合发布，并根据土地市场价格变动情况适时调整。土地出让平均纯收益征收标准见附件一。

第四条　调整现行政府预算收入科目，将"基金预算收入科目"第85类"土地有偿使用收入"下的850101项"土地出让金"取消；增设850103项"用于农业土地开发的土地出让金"，反映从"土地出让金财政专户"中划入的用于农业土地开发的资金；增设850104项"其他土地出让金"，反映从"土地出让金财政专户"中扣除划入农业土地开发资金专账后的土地出让金。

第五条　市（地、州、盟）、县（市、旗）国土资源管理部门根据办理的土地出让合同，按季统计土地出让面积送同级财政部门，同时抄报省级国土资源管理部门、财政部门。

第六条　市（地、州、盟）、县（市、旗）财政部门根据同级国土资源管理部门提供的土地出让面积、城镇土地级别、土地出让平均纯收益征收标准和各省（自治区、直辖市）及计划单列市人民政府规定的土地出让金用于农业土地开发的比例（不低于15%），计算应从土地出让金中划出的农业土地开发资金，并按照专账管理的原则和土地出让金缴交情况，由财政部门在次月5日前办理土地出让金清算时，按级次分别开具缴款书，办理缴库手续，将属于本市（地、州、盟）、县（市、旗）的用于农业土地开发的土地出让金收入（不低于农业土地开发资金的70%部分）缴入同级国库用于农业土地开发的土地出让金收入专账；将属于各省（自治区、直辖市）及计划单列市集中的用于农业土地开发的土地出让金收入（不高于农业土地开发资金30%的部分）按就地缴库方式缴入省国库用于农业土地开发的土地出让金收入专账。

第七条　各省（自治区、直辖市）及计划单列市人民政府要加强对用于农业土地开发的土地出让金收缴的监督，保证土地出让金专户资金优先足额划入用于农业土地开发的资金专账。

第八条　财政部和国土资源部要会同监察部、审计署等有关部门，对用于农业土地开发的土地出让金的提取比例、收入征缴情况进行定期或不定期的监督检查。各省（自治区、直辖市）及计划单列市人民政府要定期将用于农业土地开发的土地出让金收入管理情况报财政部、国土资源部。

第九条　财政部可授权财政部驻各地财政监察专员办事处对用于农业土地开发的土地出让金的收入管理情况进行监督检查。

第十条　各省（自治区、直辖市）及计划单列市人民政府可根据本办法，结合本地实际情况，制定用于农业土地开发的土地出让金收入管理实施细则，并报财政部、国土资源部备案。

第十一条　本办法自 2004 年 1 月 1 日起实行。

第十二条　本办法由财政部、国土资源部负责解释。

# 耕地占补平衡考核办法

中华人民共和国国土资源部令

第 33 号

《耕地占补平衡考核办法》，已经 2006 年 6 月 8 日
第 3 次部务会议通过，现予发布，自 2006 年 8 月 1 日
起施行。

国土资源部部长

2006 年 6 月 16 日

**第一条**　为加强耕地保护，规范耕地占补平衡考核工作，督促非农业建设占用耕地的单位履行补充耕地的法定义务，根据《中华人民共和国土地管理法》和《国务院关于深化改革严格土地管理的决定》，制定本办法。

**第二条**　本办法所称耕地占补平衡考核，是指县级以上国土资源管理部门按照"占多少，垦多少"的原则，对依法批准占用耕地的非农业建设用地补充耕地方案的落实情况进行检查核实。

**第三条**　国土资源部负责全国耕地占补平衡的考核工作。

县级以上地方国土资源管理部门负责本行政区域内耕地占补平衡的考核工作。

**第四条**　耕地占补平衡考核，坚持统一标准、分级负责，

实事求是、客观公正，严格规范、违者查处的原则。

**第五条** 经依法批准的非农业建设用地，按照补充耕地方案的实施计划需在考核年度内完成补充耕地义务的，列入年度耕地占补平衡的考核范围。

前款规定的考核年度为上年 11 月 1 日至本年 10 月 31 日。

**第六条** 耕地占补平衡考核，以建设用地项目为单位进行，主要考核经依法批准的补充耕地方案确定的补充耕地的数量、质量和资金。

前款规定的建设用地项目，包括能源、交通、水利、矿山、军事设施等单独选址建设项目用地和城市、村庄、集镇分批次建设用地。

**第七条** 补充耕地的责任单位是：

（一）单独选址建设项目用地，由建设单位自行补充耕地的，建设单位为补充耕地的责任单位；

（二）城市分批次建设用地，所在市、县人民政府为补充耕地的责任单位；

（三）村庄、集镇分批次建设用地，所涉及的农村集体经济组织为补充耕地的责任单位；

（四）因没有条件开垦或者开垦的耕地不符合要求，按照省、自治区、直辖市的规定缴纳耕地开垦费，由收取耕地开垦费的地方人民政府或者有关部门代履行补充耕地义务的，有关地方人民政府或者部门为补充耕地的责任单位；

（五）因耕地后备资源匮乏，经省、自治区、直辖市国土资源管理部门统一安排，通过收取耕地开垦费在本省、自治区、直辖市行政区域内易地补充耕地的，接收耕地开垦费的有关地方人民政府或部门为补充耕地的责任单位。

第八条 耕地占补平衡，实行占用耕地的建设用地项目与补充耕地的土地开发整理项目挂钩制度。补充耕地的责任单位应当按照经依法批准的补充耕地方案，通过实施土地开发整理项目补充耕地。

第九条 经依法批准占用耕地的建设单位应当将所占用耕地的耕作层土壤剥离，用于土地开发整理项目或者其他耕地的土壤改良。

有条件的地区，补充耕地的责任单位应当利用剥离的耕作层土壤，提高补充耕地质量。

第十条 补充耕地的土地开发整理项目，应当符合土地利用总体规划和土地开发整理专项规划，实现数量、质量和生态管护相统一。

土地开发整理项目应当根据项目管理规定进行可行性研究和设计；根据项目所在区域的自然、经济条件优化设计方案，努力提升补充耕地的等级。土地开发整理项目竣工后，由国土资源管理部门会同农业等部门按照土地开发整理项目验收的有关规定组织验收。

第十一条 通过实施土地开发整理项目补充的耕地数量，不得少于挂钩的建设用地项目所占用的耕地数量。

实施补充耕地的土地开发整理项目，应当与被占用的耕地等级相同或者高于被占用耕地的等级，按照占用耕地面积确定补充耕地面积；确实无法实现等级相同，难以保证补充耕地质量的，应当选择等级接近的项目，并按照数量质量等级折算方法增加补充耕地面积。

**第十二条** 实施补充耕地的土地开发整理项目，应当达到设计确定的有关道路、渠系、林网和耕作层厚度及坡度等技术标准，并按有关规定验收合格。

**第十三条** 单独选址建设项目用地占用耕地的，补充耕地资金应当足额列入工程预算。

城市分批次建设用地占用耕地的，由当地人民政府提供补充耕地资金，通过实施土地开发整理项目先行落实补充耕地，但不得使用新增建设用地土地有偿使用费。

村庄、集镇分批次建设用地占用耕地的，由农村集体经济组织筹集有关资金或者组织农民投工投劳实施土地整理项目补充耕地。

**第十四条** 同时符合本办法第十条、第十一条、第十二条和第十三条规定的，建设用地项目补充耕地考核为"合格"。

不符合本办法第十条、第十一条、第十二条和第十三条规定规定之一的，补充耕地考核为"不合格"。

**第十五条** 国土资源部每年对全国耕地占补平衡考核工作作出部署。

省、自治区、直辖市国土资源管理部门根据国土资源部的部署，对市、县耕地占补平衡考核工作提出具体要求。

市或者县国土资源管理部门根据上级国土资源管理部门的工作部署和要求，确定本行政区域内应列为本年度考核范围的建设用地项目，并组织实施考核工作。

**第十六条** 县级以上地方国土资源管理部门对纳入年度考核范围的建设用地项目进行考核，应当对挂钩的土地开发整理项目的立项文件、设计、验收报告、补充耕地资金缴纳凭证等进行检查，并对补充耕地进行实地核查，确定考核结果，填写年度建设用地项目补充耕地考核表，逐级上报省、自治区、直辖市国土资源管理部门。

补充耕地的实地核查工作应当与土地开发整理项目的竣工验收、土地变更调查工作相结合。已验收合格且已通过变更调查或者变更登记确定补充耕地数量的，可不再进行实地核查。

上级国土资源管理部门应当对下级国土资源管理部门耕地占补平衡考核工作和报送的建设用地项目补充耕地情况进行检查和抽查。

**第十七条** 省、自治区、直辖市国土资源管理部门应当将本行政区域内各市、县国土资源管理部门上报的年度建设用地项目补充耕地考核情况进行汇总，填报有关报表，并附说明材料，随同年度耕地占补平衡考核工作报告，于本年度 11 月底前报国土资源部。

**第十八条** 国土资源部对省、自治区、直辖市国土资源管理部门上报的年度耕地占补平衡考核情况进行汇总分析，并结合建设用地项目补充耕地抽查情况，对省、自治区、直辖市耕地占补平衡情况提出意见，并在全国进行通报。

省、自治区、直辖市国土资源管理部门应当对本行政区域内年度耕地占补平衡工作进行总结，对建设用地项目补充耕地合格率较低的市、县提出通报，研究改进措施，并向国土资源部提交书面报告。

**第十九条** 上级国土资源管理部门有权责令建设用地项目补充耕地合格率较低的地区限期整改。对整改不合格的，暂缓受理该地区的农用地转用和征地审批。

第二十条 依照本办法第十四条规定，建设用地项目补充耕地经考核确定为不合格的，县级以上国土资源管理部门应当责令补充耕地责任单位限期改正；逾期拒不改正的，比照《中华人民共和国土地管理法》第七十五条和《中华人民共和国土地管理法实施条例》第四十一条的规定处罚。

第二十一条 国土资源管理部门工作人员在耕地占补平衡考核工作中玩忽职守、滥用职权、徇私舞弊、弄虚作假的，对直接负责的主管人员和其他直接责任人员依法给予行政处分；构成犯罪的，依法追究刑事责任。

第二十二条 本办法自 2006 年 8 月 1 日起施行。

# 土地整治工程营业税改征增值税计价
# 依据调整过渡实施方案

国土资厅发〔2017〕19 号

各省、自治区、直辖市、计划单列市国土资源主管部门、新疆生产建设兵团国土资源局：

为适应国家税制改革要求，落实《财政部 国家税务总局关于全面推开营业税改征增值税试点的通知》（财税〔2016〕36 号）规定，规范土地整治项目预算管理，经商财政部同意，我部制定了《土地整治工程营业税改征增值税计价依据调整过渡实施方案》，现印发你们，请参照执行。

各省级国土资源主管部门可结合本地区的实际情况，按照财政和税务部门对营业税改征增值税的相关要求，调整本地区有关土地整治工程计价依据。对本方案执行中发现的问题和意见，各级国土资源部门及有关单位可及时反馈给国土资源部。

2017 年 4 月 6 日

为贯彻落实国务院关于营业税改征增值税的战略部署，根据土地整治工程计价实际需要，制订本方案。

一、适用范围

本方案适用于执行《土地开发整理项目预算定额标准》（财综〔2011〕128号）（以下简称《定额标准》）的土地整治项目规划设计阶段投资预算中工程施工费编制；其他投资或其他阶段的土地整治工程施工费编制可参照本方案执行。

二、调整依据

（一）《中华人民共和国增值税暂行条例》（国务院令第538号）。

（二）《国务院关于做好全面推开营改增试点工作的通知》（国发明电〔2016〕1号）。

（三）《关于全面推开营业税改征增值税试点的通知》（财税〔2016〕36号）。

（四）《营业税改征增值税试点方案》（财税〔2011〕110号）。

（五）《财政部 国家税务总局关于部分货物适用增值税税率和简易办法征收增值税政策的通知》（财税〔2009〕9号）。

（六）《关于印发土地开发整理项目预算定额标准的通知》（财综〔2011〕128号）。

（七）其他有关文件、资料。

三、费用组成

（一）营改增后土地整治工程费用的组成内容除本方案另有规定外，均与现行《定额标准》的有关内容一致。

（二）土地整治工程施工费中的税金是指按国家税法规定应计入工程造价内的增值税销项税额。将"城市维护建设税"和"教育费附加"、"地方教育费附加"调整到企业管理费中。

四、计价规定

（一）营改增后，土地整治工程造价（工程施工费）应按"价税分离"原则计算。具体要素价格适用增值税税率执行财税部门的相关规定。

（二）工程造价按以下公式计算：工程造价＝税前工程造价×（1+11%）。其中，11%为建筑业增值税税率，税前工程造价为人工费、材料费、施工机械使用费、措施费、间接费、利润、材料价差之和，各费用项目均以不包含增值税可抵扣进项税额的价格计算。税前工程造价以不含增值税价格为计算基础，计取各项费用。

（三）土地整治项目设备购置费及其他费用的计价规则和费用标准也应按"价税分离"原则进行调整。

五、计算方式与标准

（一）人工预算单价按现行《定额标准》执行，暂不做调整。

（二）材料预算单价组成内容中，材料原价、包装费、运输保险费、运杂费和采购及保管费分别按不含增值税（可抵扣进项税款）的价格确定。材料采购及保管费费率调整为2.17%。

（三）施工机械使用费以不含增值税款的价格计算，安装拆卸费、台班人工费不做调整。

（四）间接费中的相关费用项目，如属于增值税应税项目的，均按不含增值税的价格计算。

（五）利润率暂不做调整，仍为3%。

利润＝（直接费+间接费）×3%。

（六）税金按建筑业适用的增值税率 11% 计算。

税金 =（直接费+间接费+利润+材料价差）×11%

六、其他

（一）施工合同约定开工日期在 2016 年 5 月 1 日后的土地整治项目，应按本方案执行。本通知发布之前已批准的项目投资估算、概（预）算等造价文件不做调整。

（二）国家关于建筑业增值税率调整的，工程造价应按调整后的税率执行。

# 土地复垦条例

中华人民共和国国务院令

第 592 号

《土地复垦条例》已经 2011 年 2 月 22 日国务院第 145 次常务会议通过，现予公布，自公布之日起施行。

总理　温家宝

二〇一一年三月五日

# 第一章　总　则

**第一条**　为了落实十分珍惜、合理利用土地和切实保护耕地的基本国策，规范土地复垦活动，加强土地复垦管理，提高土地利用的社会效益、经济效益和生态效益，根据《中华人民共和国土地管理法》，制定本条例。

**第二条**　本条例所称土地复垦，是指对生产建设活动和自然灾害损毁的土地，采取整治措施，使其达到可供利用状态的活动。

**第三条** 生产建设活动损毁的土地，按照"谁损毁，谁复垦"的原则，由生产建设单位或者个人（以下称土地复垦义务人）负责复垦。但是，由于历史原因无法确定土地复垦义务人的生产建设活动损毁的土地（以下称历史遗留损毁土地），由县级以上人民政府负责组织复垦。

自然灾害损毁的土地，由县级以上人民政府负责组织复垦。

**第四条** 生产建设活动应当节约集约利用土地，不占或者少占耕地；对依法占用的土地应当采取有效措施，减少土地损毁面积，降低土地损毁程度。

土地复垦应当坚持科学规划、因地制宜、综合治理、经济可行、合理利用的原则。复垦的土地应当优先用于农业。

**第五条** 国务院国土资源主管部门负责全国土地复垦的监督管理工作。县级以上地方人民政府国土资源主管部门负责本行政区域土地复垦的监督管理工作。

县级以上人民政府其他有关部门依照本条例的规定和各自的职责做好土地复垦有关工作。

**第六条** 编制土地复垦方案、实施土地复垦工程、进行土地复垦验收等活动，应当遵守土地复垦国家标准；没有国家标准的，应当遵守土地复垦行业标准。

制定土地复垦国家标准和行业标准，应当根据土地损毁的类型、程度、自然地理条件和复垦的可行性等因素，分类确定不同类型损毁土地的复垦方式、目标和要求等。

**第七条** 县级以上地方人民政府国土资源主管部门应当建

立土地复垦监测制度，及时掌握本行政区域土地资源损毁和土地复垦效果等情况。

国务院国土资源主管部门和省、自治区、直辖市人民政府国土资源主管部门应当建立健全土地复垦信息管理系统，收集、汇总和发布土地复垦数据信息。

**第八条** 县级以上人民政府国土资源主管部门应当依据职责加强对土地复垦情况的监督检查。被检查的单位或者个人应当如实反映情况，提供必要的资料。

任何单位和个人不得扰乱、阻挠土地复垦工作，破坏土地复垦工程、设施和设备。

**第九条** 国家鼓励和支持土地复垦科学研究和技术创新，推广先进的土地复垦技术。

对在土地复垦工作中作出突出贡献的单位和个人，由县级以上人民政府给予表彰。

## 第二章　生产建设活动损毁土地的复垦

**第十条** 下列损毁土地由土地复垦义务人负责复垦：

（一）露天采矿、烧制砖瓦、挖沙取土等地表挖掘所损毁的土地；

（二）地下采矿等造成地表塌陷的土地；

（三）堆放采矿剥离物、废石、矿渣、粉煤灰等固体废弃物压占的土地；

（四）能源、交通、水利等基础设施建设和其他生产建设活动临时占用所损毁的土地。

第十一条　土地复垦义务人应当按照土地复垦标准和国务院国土资源主管部门的规定编制土地复垦方案。

第十二条　土地复垦方案应当包括下列内容：

（一）项目概况和项目区土地利用状况；

（二）损毁土地的分析预测和土地复垦的可行性评价；

（三）土地复垦的目标任务；

（四）土地复垦应当达到的质量要求和采取的措施；

（五）土地复垦工程和投资估（概）算；

（六）土地复垦费用的安排；

（七）土地复垦工作计划与进度安排；

（八）国务院国土资源主管部门规定的其他内容。

第十三条　土地复垦义务人应当在办理建设用地申请或者采矿权申请手续时，随有关报批材料报送土地复垦方案。

土地复垦义务人未编制土地复垦方案或者土地复垦方案不符合要求的，有批准权的人民政府不得批准建设用地，有批准权的国土资源主管部门不得颁发采矿许可证。

本条例施行前已经办理建设用地手续或者领取采矿许可证，本条例施行后继续从事生产建设活动造成土地损毁的，土地复垦义务人应当按照国务院国土资源主管部门的规定补充编制土地复垦方案。

第十四条　土地复垦义务人应当按照土地复垦方案开展土地复垦工作。矿山企业还应当对土地损毁情况进行动态监测和评价。

生产建设周期长、需要分阶段实施复垦的，土地复垦义务人应当对土地复垦工作与生产建设活动统一规划、统筹实施，根据生产建设进度确定各阶段土地复垦的目标任务、工程规划设计、费用安排、工程实施进度和完成期限等。

第十五条　土地复垦义务人应当将土地复垦费用列入生产成本或者建设项目总投资。

第十六条　土地复垦义务人应当建立土地复垦质量控制制度，遵守土地复垦标准和环境保护标准，保护土壤质量与生态环境，避免污染土壤和地下水。

土地复垦义务人应当首先对拟损毁的耕地、林地、牧草地进行表土剥离，剥离的表土用于被损毁土地的复垦。

禁止将重金属污染物或者其他有毒有害物质用作回填或者充填材料。受重金属污染物或者其他有毒有害物质污染的土地复垦后，达不到国家有关标准的，不得用于种植食用农作物。

第十七条　土地复垦义务人应当于每年12月31日前向县级以上地方人民政府国土资源主管部门报告当年的土地损毁情况、土地复垦费用使用情况以及土地复垦工程实施情况。

县级以上地方人民政府国土资源主管部门应当加强对土地复垦义务人使用土地复垦费用和实施土地复垦工程的监督。

第十八条　土地复垦义务人不复垦，或者复垦验收中经整改仍不合格的，应当缴纳土地复垦费，由有关国土资源主管部门代为组织复垦。

确定土地复垦费的数额，应当综合考虑损毁前的土地类型、实际损毁面积、损毁程度、复垦标准、复垦用途和完成复垦任务所需的工程量等因素。土地复垦费的具体征收使用管理办法，由国务院财政、价格主管部门商国务院有关部门制定。

土地复垦义务人缴纳的土地复垦费专项用于土地复垦。任何单位和个人不得截留、挤占、挪用。

第十九条　土地复垦义务人对在生产建设活动中损毁的由其他单位或者个人使用的国有土地或者农民集体所有的土地，除负责复垦外，还应当向遭受损失的单位或者个人支付损失补偿费。

损失补偿费由土地复垦义务人与遭受损失的单位或者个人按照造成的实际损失协商确定；协商不成的，可以向土地所在地人民政府国土资源主管部门申请调解或者依法向人民法院提起民事诉讼。

第二十条　土地复垦义务人不依法履行土地复垦义务的，在申请新的建设用地时，有批准权的人民政府不得批准；在申请新的采矿许可证或者申请采矿许可证延续、变更、注销时，有批准权的国土资源主管部门不得批准。

# 第三章　历史遗留损毁土地和自然灾害损毁土地的复垦

第二十一条　县级以上人民政府国土资源主管部门应当对历史遗留损毁土地和自然灾害损毁土地进行调查评价。

第二十二条　县级以上人民政府国土资源主管部门应当在调查评价的基础上，根据土地利用总体规划编制土地复垦专项规划，确定复垦的重点区域以及复垦的目标任务和要求，报本级人民政府批准后组织实施。

第二十三条　对历史遗留损毁土地和自然灾害损毁土地，

县级以上人民政府应当投入资金进行复垦，或者按照"谁投资，谁受益"的原则，吸引社会投资进行复垦。土地权利人明确的，可以采取扶持、优惠措施，鼓励土地权利人自行复垦。

**第二十四条** 国家对历史遗留损毁土地和自然灾害损毁土地的复垦按项目实施管理。

县级以上人民政府国土资源主管部门应当根据土地复垦专项规划和年度土地复垦资金安排情况确定年度复垦项目。

**第二十五条** 政府投资进行复垦的，负责组织实施土地复垦项目的国土资源主管部门应当组织编制土地复垦项目设计书，明确复垦项目的位置、面积、目标任务、工程规划设计、实施进度及完成期限等。

土地权利人自行复垦或者社会投资进行复垦的，土地权利人或者投资单位、个人应当组织编制土地复垦项目设计书，并报负责组织实施土地复垦项目的国土资源主管部门审查同意后实施。

**第二十六条** 政府投资进行复垦的，有关国土资源主管部门应当依照招标投标法律法规的规定，通过公开招标的方式确定土地复垦项目的施工单位。

土地权利人自行复垦或者社会投资进行复垦的，土地复垦项目的施工单位由土地权利人或者投资单位、个人依法自行确定。

**第二十七条** 土地复垦项目的施工单位应当按照土地复垦项目设计书进行复垦。

负责组织实施土地复垦项目的国土资源主管部门应当健全项目管理制度，加强项目实施中的指导、管理和监督。

# 第四章 土地复垦验收

**第二十八条** 土地复垦义务人按照土地复垦方案的要求完成土地复垦任务后，应当按照国务院国土资源主管部门的规定向所在地县级以上地方人民政府国土资源主管部门申请验收，接到申请的国土资源主管部门应当会同同级农业、林业、环境保护等有关部门进行验收。

进行土地复垦验收，应当邀请有关专家进行现场踏勘，查验复垦后的土地是否符合土地复垦标准以及土地复垦方案的要求，核实复垦后的土地类型、面积和质量等情况，并将初步验收结果公告，听取相关权利人的意见。相关权利人对土地复垦完成情况提出异议的，国土资源主管部门应当会同有关部门进一步核查，并将核查情况向相关权利人反馈；情况属实的，应当向土地复垦义务人提出整改意见。

**第二十九条** 负责组织验收的国土资源主管部门应当会同有关部门在接到土地复垦验收申请之日起 60 个工作日内完成验收，经验收合格的，向土地复垦义务人出具验收合格确认书；经验收不合格的，向土地复垦义务人出具书面整改意见，列明需要整改的事项，由土地复垦义务人整改完成后重新申请验收。

**第三十条** 政府投资的土地复垦项目竣工后，负责组织实施土地复垦项目的国土资源主管部门应当依照本条例第二十八条第二款的规定进行初步验收。初步验收完成后，负责组织实施土地复垦项目的国土资源主管部门应当按照国务院国土资源主管部门的规定向上级人民政府国土资源主管部门申请最终验收。上级人民政府国土资源主管部门应当会同有关部门及时组织验收。

土地权利人自行复垦或者社会投资进行复垦的土地复垦项目竣工后，由负责组织实施土地复垦项目的国土资源主管部门会同有关部门进行验收。

第三十一条　复垦为农用地的，负责组织验收的国土资源主管部门应当会同有关部门在验收合格后的 5 年内对土地复垦效果进行跟踪评价，并提出改善土地质量的建议和措施。

# 第五章　土地复垦激励措施

第三十二条　土地复垦义务人在规定的期限内将生产建设活动损毁的耕地、林地、牧草地等农用地复垦恢复原状的，依照国家有关税收法律法规的规定退还已经缴纳的耕地占用税。

第三十三条　社会投资复垦的历史遗留损毁土地或者自然灾害损毁土地，属于无使用权人的国有土地的，经县级以上人民政府依法批准，可以确定给投资单位或者个人长期从事种植业、林业、畜牧业或者渔业生产。

社会投资复垦的历史遗留损毁土地或者自然灾害损毁土地，属于农民集体所有土地或者有使用权人的国有土地的，有关国土资源主管部门应当组织投资单位或者个人与土地权利人签订土地复垦协议，明确复垦的目标任务以及复垦后的土地使用和收益分配。

第三十四条　历史遗留损毁和自然灾害损毁的国有土地的使用权人，以及历史遗留损毁和自然灾害损毁的农民集体所有土地的所有权人、使用权人，自行将损毁土地复垦为耕地的，由县级以上地方人民政府给予补贴。

**第三十五条** 县级以上地方人民政府将历史遗留损毁和自然灾害损毁的建设用地复垦为耕地的，按照国家有关规定可以作为本省、自治区、直辖市内进行非农建设占用耕地时的补充耕地指标。

# 第六章　法律责任

**第三十六条** 负有土地复垦监督管理职责的部门及其工作人员有下列行为之一的，对直接负责的主管人员和其他直接责任人员，依法给予处分；直接负责的主管人员和其他直接责任人员构成犯罪的，依法追究刑事责任：

（一）违反本条例规定批准建设用地或者批准采矿许可证及采矿许可证的延续、变更、注销的；

（二）截留、挤占、挪用土地复垦费的；

（三）在土地复垦验收中弄虚作假的；

（四）不依法履行监督管理职责或者对发现的违反本条例的行为不依法查处的；

（五）在审查土地复垦方案、实施土地复垦项目、组织土地复垦验收以及实施监督检查过程中，索取、收受他人财物或者谋取其他利益的；

（六）其他徇私舞弊、滥用职权、玩忽职守行为。

**第三十七条** 本条例施行前已经办理建设用地手续或者领取采矿许可证，本条例施行后继续从事生产建设活动造成土地损毁的土地复垦义务人未按照规定补充编制土地复垦方案的，由县级以上地方人民政府国土资源主管部门责令限期改正；逾期不改正的，处 10 万元以上 20 万元以下的罚款。

第三十八条　土地复垦义务人未按照规定将土地复垦费用列入生产成本或者建设项目总投资的，由县级以上地方人民政府国土资源主管部门责令限期改正；逾期不改正的，处 10 万元以上 50 万元以下的罚款。

第三十九条　土地复垦义务人未按照规定对拟损毁的耕地、林地、牧草地进行表土剥离，由县级以上地方人民政府国土资源主管部门责令限期改正；逾期不改正的，按照应当进行表土剥离的土地面积处每公顷 1 万元的罚款。

第四十条　土地复垦义务人将重金属污染物或者其他有毒有害物质用作回填或者充填材料的，由县级以上地方人民政府环境保护主管部门责令停止违法行为，限期采取治理措施，消除污染，处 10 万元以上 50 万元以下的罚款；逾期不采取治理措施的，环境保护主管部门可以指定有治理能力的单位代为治理，所需费用由违法者承担。

第四十一条　土地复垦义务人未按照规定报告土地损毁情况、土地复垦费用使用情况或者土地复垦工程实施情况的，由县级以上地方人民政府国土资源主管部门责令限期改正；逾期不改正的，处 2 万元以上 5 万元以下的罚款。

第四十二条　土地复垦义务人依照本条例规定应当缴纳土地复垦费而不缴纳的，由县级以上地方人民政府国土资源主管部门责令限期缴纳；逾期不缴纳的，处应缴纳土地复垦费 1 倍以上 2 倍以下的罚款，土地复垦义务人为矿山企业的，由颁发采矿许可证的机关吊销采矿许可证。

第四十三条 土地复垦义务人拒绝、阻碍国土资源主管部门监督检查，或者在接受监督检查时弄虚作假的，由国土资源主管部门责令改正，处 2 万元以上 5 万元以下的罚款；有关责任人员构成违反治安管理行为的，由公安机关依法予以治安管理处罚；有关责任人员构成犯罪的，依法追究刑事责任。

破坏土地复垦工程、设施和设备，构成违反治安管理行为的，由公安机关依法予以治安管理处罚；构成犯罪的，依法追究刑事责任。

# 第七章 附 则

第四十四条 本条例自公布之日起施行。1988 年 11 月 8 日国务院发布的《土地复垦规定》同时废止。

# 附　录

国土资源部关于土地复垦"双随机一公开"
监督检查实施细则的公告

2017 年第 23 号

　　为全面贯彻落实全国深化放管服改革电视电话会
议精神，依据《国务院关于印发 2016 年推进简政放权
放管结合优化服务改革工作要点的通知》（国发
〔2016〕30 号）、《国务院办公厅关于推广随机抽查规
范事中事后监管的通知》（国办发〔2015〕58 号）要
求，按照国土资源部"双随机一公开"工作部署和安
排，规范土地复垦"双随机一公开"监督检查工作，
研究制定了《国土资源部土地复垦"双随机一公开"
监督检查实施细则》，现予公告。

2017 年 8 月 10 日

　　**第一条**　为全面贯彻落实《国务院关于印发 2016 年推进简
政放权放管结合优化服务改革工作要点的通知》（国发〔2016〕

30 号)、《国务院办公厅关于推广随机抽查规范事中事后监管的通知》(国办发〔2015〕58 号) 及国土资源部 "双随机一公开" 工作要求,规范土地复垦 "双随机一公开" 监督检查工作,制定本细则。

**第二条** 本细则所称 "双随机一公开" 监督检查,是指依据《中华人民共和国土地管理法》《中华人民共和国土地管理法实施条例》《土地复垦条例》《土地复垦条例实施办法》及土地复垦相关政策规定,国土资源部组织实施土地复垦监督检查时,采取随机抽取检查对象、随机选派监督检查人员,及时公开抽查情况和查处结果的活动。

**第三条** 土地复垦监督检查坚持依法依规、公正高效、公开透明、稳步推进的原则,以目标和任务为导向,强化市场主体自律和社会监督,提高监管效能,维护公平正义。

**第四条** 国土资源部建立土地复垦义务人名录库,明确土地复垦随机抽查对象。随机抽查对象为国土资源部批准取得采矿许可证的矿业权人,即土地复垦义务人。土地复垦义务人名录库根据变动情况动态调整,每年向社会公布。

**第五条** 监督检查人员名录库由国土资源系统相关业务、执法工作人员,部相关技术支撑单位工作人员、土地复垦专家库专家等组成。监督检查人员名录库根据监督检查人员变动情况动态更新。

**第六条** 建立随机抽取检查对象、随机选派监督检查人员的 "双随机" 抽查机制。通过摇号等方式,从土地复垦义务人名录库中随机抽取检查对象,从监督检查人员名录库中随机选派监督检查人员。对于重大问题或舆情反应的热点问题,可以设定类别条件选择检查对象或监督检查人员。

**第七条** 采取内业上图核查与实地随机抽查相结合的方式开展检查，既保证必要的覆盖面和工作力度，又防止实地检查过多。原则上一个项目3年内不重复抽查。对被投诉举报较多、列入异常名录或有严重违法违规记录等情况的项目或地区，加大随机抽查力度，提高抽查比例和频次。

根据工作需要，可以委托省级国土资源主管部门开展监督检查工作。

**第八条** 依法监督检查土地复垦义务人是否依法履行复垦义务。检查内容主要包括：土地复垦方案编报与备案、土地复垦资金保障与使用管理、土地复垦实施与验收，以及复垦利用与成效等。依法由有关国土资源主管部门代为组织复垦的，要检查复垦义务人土地复垦费缴纳情况。

**第九条** 土地复垦"双随机一公开"监督检查按照公布监督检查名录、组织开展监督检查、提出处理意见、公布检查结果的程序开展。

**第十条** 土地复垦义务人应依法进行土地复垦年度报告，于每年1月份通过"国土资源部土地复垦监测监管信息系统"（中国土地整治网 http：//www.lcrc.org.cn）上报土地复垦义务履行情况。地方各级有关国土资源主管部门依据土地复垦年度报告情况对土地复垦义务人履行义务情况进行监督检查。

**第十一条** 国土资源部将通过国土资源遥感监测"一张图"和综合监管平台，应用最新的遥感影像图和土地利用变更调查成果，对土地复垦义务人名录库中的项目土地复垦情况进行上图，开展日常监管。国土资源部根据上图和日常监管情况、矿山项目数量及类型、土地复垦年度报告等情况，确定实地抽查比例和频次，组织开展实地随机抽查。

土地复垦义务人接受实地检查时，应当如实反映情况，提供必要的资料。

**第十二条** 检查中发现矿山企业有不符合土地复垦法律法规及相关规定行为的，纳入矿业权人异常名录；已纳入绿色矿山名录的，予以除名。

土地复垦义务人应当依法依规整改，处理结果及整改情况作为有关部门是否审查通过项目建设用地申请，是否批准新的采矿许可证申请或者采矿许可证延续、变更、注销申请的依据。

**第十三条** 在遵守保密规定的情况下，检查结果在国土资源部信息平台上予以公布，接受社会监督。

**第十四条** 开展土地复垦"双随机一公开"监督检查工作，应当严格遵守各项法律法规制度，遵守工作纪律，切实做到依法行政、廉洁执法。同时做到全程留痕，实现责任可追溯。

**第十五条** 依法报国务院批准的交通、能源、水利等建设项目及其他生产建设项目土地复垦监督检查工作，由各省（区、市）国土资源主管部门按照当地"双随机一公开"监督检查有关规定组织开展；无相关规定的，可参照本细则执行。

**第十六条** 本细则由国土资源部负责解释，自发布之日起施行，有效期5年。

# 土地复垦条例实施办法

中华人民共和国国土资源部令

第 56 号

《土地复垦条例实施办法》已经 2012 年 12 月 11 日国土资源部第 4 次部务会议审议通过，现予以发布，自 2013 年 3 月 1 日起施行。

国土资源部部长

2012 年 12 月 27 日

## 第一章　总　则

**第一条**　为保证土地复垦的有效实施，根据《土地复垦条例》（以下简称条例），制定本办法。

**第二条**　土地复垦应当综合考虑复垦后土地利用的社会效益、经济效益和生态效益。

生产建设活动造成耕地损毁的，能够复垦为耕地的，应当优先复垦为耕地。

**第三条** 县级以上国土资源主管部门应当明确专门机构并配备专职人员负责土地复垦监督管理工作。

县级以上国土资源主管部门应当加强与发展改革、财政、城乡规划、铁路、交通、水利、环保、农业、林业等部门的协同配合和行业指导监督。

上级国土资源主管部门应当加强对下级国土资源主管部门土地复垦工作的监督和指导。

**第四条** 除条例第六条规定外，开展土地复垦调查评价、编制土地复垦规划设计、确定土地复垦工程建设和造价、实施土地复垦工程质量控制、进行土地复垦评价等活动，也应当遵守有关国家标准和土地管理行业标准。

省级国土资源主管部门可以结合本地实际情况，补充制定本行政区域内土地复垦工程建设和造价等标准。

**第五条** 县级以上国土资源主管部门应当建立土地复垦信息管理系统，利用国土资源综合监管平台，对土地复垦情况进行动态监测，及时收集、汇总、分析和发布本行政区域内土地损毁、土地复垦等数据信息。

# 第二章 生产建设活动
## 损毁土地的复垦

**第六条** 属于条例第十条规定的生产建设项目，土地复垦义务人应当在办理建设用地申请或者采矿权申请手续时，依据国土资源部《土地复垦方案编制规程》的要求，组织编制土地复垦方案，随有关报批材料报送有关国土资源主管部门审查。

具体承担相应建设用地审查和采矿权审批的国土资源主管部门负责对土地复垦义务人报送的土地复垦方案进行审查。

**第七条** 条例施行前已经办理建设用地手续或者领取采矿许可证，条例施行后继续从事生产建设活动造成土地损毁的，土地复垦义务人应当在本办法实施之日起一年内完成土地复垦方案的补充编制工作，报有关国土资源主管部门审查。

**第八条** 土地复垦方案分为土地复垦方案报告书和土地复垦方案报告表。

依法由省级以上人民政府审批建设用地的建设项目，以及由省级以上国土资源主管部门审批登记的采矿项目，应当编制土地复垦方案报告书。其他项目可以编制土地复垦方案报告表。

**第九条** 生产建设周期长、需要分阶段实施土地复垦的生产建设项目，土地复垦方案应当包含阶段土地复垦计划和年度实施计划。

跨县（市、区）域的生产建设项目，应当在土地复垦方案中附具以县（市、区）为单位的土地复垦实施方案。

阶段土地复垦计划和以县（市、区）为单位的土地复垦实施方案应当明确土地复垦的目标、任务、位置、主要措施、投资概算、工程规划设计等。

**第十条** 有关国土资源主管部门受理土地复垦方案审查申请后，应当组织专家进行论证。

　　根据论证所需专业知识结构，从土地复垦专家库中选取专家。专家与土地复垦方案申请人或者申请项目有利害关系的，应当主动要求回避。土地复垦方案申请人也可以向有关国土资源主管部门申请专家回避。

　　土地复垦方案申请人或者相关利害关系人可以按照《政府信息公开条例》的规定，向有关国土资源主管部门申请查询专家意见。有关国土资源主管部门应当依法提供查询结果。

　　**第十一条**　土地复垦方案经专家论证通过后，由有关国土资源主管部门进行最终审查。符合下列条件的，方可通过审查：

　　（一）土地利用现状明确；

　　（二）损毁土地的分析预测科学；

　　（三）土地复垦目标、任务和利用方向合理，措施可行；

　　（四）土地复垦费用测算合理，预存与使用计划清晰并符合本办法规定要求；

　　（五）土地复垦计划安排科学、保障措施可行；

　　（六）土地复垦方案已经征求意见并采纳合理建议。

　　**第十二条**　土地复垦方案通过审查的，有关国土资源主管部门应当向土地复垦义务人出具土地复垦方案审查意见书。土地复垦方案审查意见书应当包含本办法第十一条规定的有关内容。

　　土地复垦方案未通过审查的，有关国土资源主管部门应当书面告知土地复垦义务人补正。逾期不补正的，不予办理建设用地或者采矿审批相关手续。

　　**第十三条**　土地复垦义务人因生产建设项目的用地位置、

规模等发生变化，或者采矿项目发生扩大变更矿区范围等重大内容变化的，应当在三个月内对原土地复垦方案进行修改，报原审查的国土资源主管部门审查。

**第十四条** 土地复垦义务人不按照本办法第七条、第十三条规定补充编制或者修改土地复垦方案的，依照条例第二十条规定处理。

**第十五条** 土地复垦义务人在实施土地复垦工程前，应当依据审查通过的土地复垦方案进行土地复垦规划设计，将土地复垦方案和土地复垦规划设计一并报所在地县级国土资源主管部门备案。

**第十六条** 土地复垦义务人应当按照条例第十五条规定的要求，与损毁土地所在地县级国土资源主管部门在双方约定的银行建立土地复垦费用专门账户，按照土地复垦方案确定的资金数额，在土地复垦费用专门账户中足额预存土地复垦费用。

预存的土地复垦费用遵循"土地复垦义务人所有，国土资源主管部门监管，专户储存专款使用"的原则。

**第十七条** 土地复垦义务人应当与损毁土地所在地县级国土资源主管部门、银行共同签订土地复垦费用使用监管协议，按照本办法规定的原则明确土地复垦费用预存和使用的时间、数额、程序、条件和违约责任等。

土地复垦费用使用监管协议对当事人具有法律效力。

**第十八条** 土地复垦义务人应当在项目动工前一个月内预存土地复垦费用。

土地复垦义务人按照本办法第七条规定补充编制土地复垦

方案的，应当在土地复垦方案通过审查后一个月内预存土地复垦费用。

土地复垦义务人按照本办法第十三条规定修改土地复垦方案后，已经预存的土地复垦费用不足的，应当在土地复垦方案通过审查后一个月内补齐差额费用。

**第十九条** 土地复垦费用预存实行一次性预存和分期预存两种方式。

生产建设周期在三年以下的项目，应当一次性全额预存土地复垦费用。

生产建设周期在三年以上的项目，可以分期预存土地复垦费用，但第一次预存的数额不得少于土地复垦费用总金额的百分之二十。余额按照土地复垦方案确定的土地复垦费用预存计划预存，在生产建设活动结束前一年预存完毕。

**第二十条** 条例实施前，采矿生产项目按照有关规定向国土资源主管部门缴存的矿山地质环境治理恢复保证金中已经包含了土地复垦费用的，土地复垦义务人可以向所在地国土资源主管部门提出申请，经审核属实的，可以不再预存相应数额的土地复垦费用。

**第二十一条** 土地复垦义务人应当按照土地复垦方案确定的工作计划和土地复垦费用使用计划，向损毁土地所在地县级国土资源主管部门申请出具土地复垦费用支取通知书。县级国土资源主管部门应当在七日内出具土地复垦费用支取通知书。

土地复垦义务人凭土地复垦费用支取通知书，从土地复垦费用专门账户中支取土地复垦费用，专项用于土地复垦。

**第二十二条** 土地复垦义务人应当按照条例第十七条规定于每年 12 月 31 日前向所在地县级国土资源主管部门报告当年土地复垦义务履行情况，包括下列内容：

（一）年度土地损毁情况，包括土地损毁方式、地类、位置、权属、面积、程度等；

（二）年度土地复垦费用预存、使用和管理等情况；

（三）年度土地复垦实施情况，包括复垦地类、位置、面积、权属、主要复垦措施、工程量等；

（四）国土资源主管部门规定的其他年度报告内容。

县级国土资源主管部门应当加强对土地复垦义务人报告事项履行情况的监督核实，并可以根据情况将土地复垦义务履行情况年度报告在门户网站上公开。

**第二十三条** 县级国土资源主管部门应当加强对土地复垦义务人使用土地复垦费用的监督管理，发现有不按照规定使用土地复垦费用的，可以按照土地复垦费用使用监管协议的约定依法追究土地复垦义务人的违约责任。

**第二十四条** 土地复垦义务人在生产建设活动中应当遵循"保护、预防和控制为主，生产建设与复垦相结合"的原则，采取下列预防控制措施：

（一）对可能被损毁的耕地、林地、草地等，应当进行表土剥离，分层存放，分层回填，优先用于复垦土地的土壤改良。表土剥离厚度应当依据相关技术标准，根据实际情况确定。表土剥离应当在生产工艺和施工建设前进行或者同步进行；

（二）露天采矿、烧制砖瓦、挖沙取土、采石，修建铁路、公路、水利工程等，应当合理确定取土的位置、范围、深度和堆放的位置、高度等；

（三）地下采矿或者疏干抽排地下水等施工，对易造成地面塌陷或者地面沉降等特殊地段应当采取充填、设置保护支柱等工程技术方法以及限制、禁止开采地下水等措施；

（四）禁止不按照规定排放废气、废水、废渣、粉灰、废油等。

**第二十五条** 土地复垦义务人应当对生产建设活动损毁土地的规模、程度和复垦过程中土地复垦工程质量、土地复垦效果等实施全程控制，并对验收合格后的复垦土地采取管护措施，保证土地复垦效果。

**第二十六条** 土地复垦义务人依法转让采矿权或者土地使用权的，土地复垦义务同时转移。但原土地复垦义务人应当完成的土地复垦义务未履行完成的除外。

原土地复垦义务人已经预存的土地复垦费用以及未履行完成的土地复垦义务，由原土地复垦义务人与新的土地复垦义务人在转让合同中约定。

新的土地复垦义务人应当重新与损毁土地所在地国土资源主管部门、银行签订土地复垦费用使用监管协议。

# 第三章 历史遗留损毁土地和
# 自然灾害损毁土地的复垦

**第二十七条** 历史遗留损毁土地和自然灾害损毁土地调查评价，应当包括下列内容：

（一）损毁土地现状调查，包括地类、位置、面积、权属、损毁类型、损毁特征、损毁原因、损毁时间、污染情况、自然条件、社会经济条件等；

（二）损毁土地复垦适宜性评价，包括损毁程度、复垦潜力、利用方向及生态环境影响等；

（三）土地复垦效益分析，包括社会、经济、生态等效益。

**第二十八条** 符合下列条件的土地，所在地的县级国土资源主管部门应当认定为历史遗留损毁土地：

（一）土地复垦义务人灭失的生产建设活动损毁的土地；

（二）《土地复垦规定》实施以前生产建设活动损毁的土地。

**第二十九条** 县级国土资源主管部门应当将历史遗留损毁土地认定结果予以公告，公告期间不少于三十日。土地复垦义务人对认定结果有异议的，可以向县级国土资源主管部门申请复核。

县级国土资源主管部门应当自收到复核申请之日起三十日内做出答复。土地复垦义务人不服的，可以向上一级国土资源主管部门申请裁定。

上一级国土资源主管部门发现县级国土资源主管部门做出的认定结果不符合规定的，可以责令县级国土资源主管部门重新认定。

**第三十条** 土地复垦专项规划应当包括下列内容：

（一）土地复垦潜力分析；

（二）土地复垦的原则、目标、任务和计划安排；

（三）土地复垦重点区域和复垦土地利用方向；

（四）土地复垦项目的划定，复垦土地的利用布局和工程布局；

（五）土地复垦资金的测算，资金筹措方式和资金安排；

（六）预期经济、社会和生态等效益；

（七）土地复垦的实施保障措施。

土地复垦专项规划可以根据实际情况纳入土地整治规划。

土地复垦专项规划的修改应当按照条例第二十二条的规定报本级人民政府批准。

**第三十一条**　县级以上地方国土资源主管部门应当依据土地复垦专项规划制定土地复垦年度计划，分年度、有步骤地组织开展土地复垦工作。

**第三十二条**　条例第二十三条规定的历史遗留损毁土地和自然灾害损毁土地的复垦资金来源包括下列资金：

（一）土地复垦费；

（二）耕地开垦费；

（三）新增建设用地土地有偿使用费；

（四）用于农业开发的土地出让收入；

（五）可以用于土地复垦的耕地占用税地方留成部分；

（六）其他可以用于土地复垦的资金。

# 第四章　土地复垦验收

**第三十三条**　土地复垦义务人完成土地复垦任务后，应当组织自查，向项目所在地县级国土资源主管部门提出验收书面申请，并提供下列材料：

（一）验收调查报告及相关图件；

（二）规划设计执行报告；

（三）质量评估报告；

（四）检测等其他报告。

**第三十四条**　生产建设周期五年以上的项目，土地复垦义务人可以分阶段提出验收申请，负责组织验收的国土资源主管部门实行分级验收。

阶段验收由项目所在地县级国土资源主管部门负责组织，总体验收由审查通过土地复垦方案的国土资源主管部门负责组织或者委托有关国土资源主管部门组织。

**第三十五条**　负责组织验收的国土资源主管部门应当会同同级农业、林业、环境保护等有关部门，组织邀请有关专家和农村集体经济组织代表，依据土地复垦方案、阶段土地复垦计划，对下列内容进行验收：

（一）土地复垦计划目标与任务完成情况；

（二）规划设计执行情况；

（三）复垦工程质量和耕地质量等级；

（四）土地权属管理、档案资料管理情况；

（五）工程管护措施。

**第三十六条**　土地复垦阶段验收和总体验收形成初步验收结果后，负责组织验收的国土资源主管部门应当在项目所在地公告，听取相关权利人的意见。公告时间不少于三十日。

相关土地权利人对验收结果有异议的，可以在公告期内向负责组织验收的国土资源主管部门书面提出。

国土资源主管部门应当在接到书面异议之日起十五日内，

会同同级农业、林业、环境保护等有关部门核查，形成核查结论反馈相关土地权利人。异议情况属实的，还应当向土地复垦义务人提出整改意见，限期整改。

**第三十七条** 土地复垦工程经阶段验收或者总体验收合格的，负责验收的国土资源主管部门应当依照条例第二十九条规定出具阶段或者总体验收合格确认书。验收合格确认书应当载明下列事项：

（一）土地复垦工程概况；

（二）损毁土地情况；

（三）土地复垦完成情况；

（四）土地复垦中存在的问题和整改建议、处理意见；

（五）验收结论。

**第三十八条** 土地复垦义务人在申请新的建设用地、申请新的采矿许可证或者申请采矿许可证延续、变更、注销时，应当一并提供按照本办法规定到期完工土地复垦项目的验收合格确认书或者土地复垦费缴费凭据。未提供相关材料的，按照条例第二十条规定，有关国土资源主管部门不得通过审查和办理相关手续。

**第三十九条** 政府投资的土地复垦项目竣工后，由负责组织实施土地复垦项目的国土资源主管部门进行初步验收，验收程序和要求除依照本办法规定外，按照资金来源渠道及相应的项目管理办法执行。

初步验收完成后，依照条例第三十条规定进行最终验收，并依照本办法第三十七条规定出具验收合格确认书。

国土资源主管部门代复垦的项目竣工后，依照本条规定进行验收。

第四十条 土地权利人自行复垦或者社会投资进行复垦的土地复垦项目竣工后，由项目所在地县级国土资源主管部门进行验收，验收程序和要求依照本办法规定执行。

# 第五章 土地复垦激励措施

第四十一条 土地复垦义务人将生产建设活动损毁的耕地、林地、牧草地等农用地复垦恢复为原用途的，可以依照条例第三十二条规定，凭验收合格确认书向所在地县级国土资源主管部门提出出具退还耕地占用税意见的申请。

经审核属实的，县级国土资源主管部门应当在十五日内向土地复垦义务人出具意见。土地复垦义务人凭国土资源主管部门出具的意见向有关部门申请办理退还耕地占用税手续。

第四十二条 由社会投资将历史遗留损毁和自然灾害损毁土地复垦为耕地的，除依照条例第三十三条规定办理外，对属于将非耕地复垦为耕地的，经验收合格并报省级国土资源主管部门复核同意后，可以作为本省、自治区、直辖市的补充耕地指标，市、县政府可以出资购买指标。

第四十三条 由县级以上地方人民政府投资将历史遗留损毁和自然灾害损毁的建设用地复垦为耕地的，经验收合格并报省级国土资源主管部门复核同意后，依照条例第三十五条规定可以作为本省、自治区、直辖市的补充耕地指标。但使用新增建设用地有偿使用费复垦的耕地除外。

属于农民集体所有的土地，复垦后应当交给农民集体使用。

# 第六章　土地复垦监督管理

第四十四条　县级以上国土资源主管部门应当采取年度检查、专项核查、例行稽查、在线监管等形式，对本行政区域内的土地复垦活动进行监督检查，并可以采取下列措施：

（一）要求被检查当事人如实反映情况和提供相关的文件、资料和电子数据；

（二）要求被检查当事人就土地复垦有关问题做出说明；

（三）进入土地复垦现场进行勘查；

（四）责令被检查当事人停止违反条例的行为。

第四十五条　县级以上国土资源主管部门应当在门户网站上及时向社会公开本行政区域内的土地复垦管理规定、技术标准、土地复垦规划、土地复垦项目安排计划以及土地复垦方案审查结果、土地复垦工程验收结果等重大事项。

第四十六条　县级以上地方国土资源主管部门应当通过国土资源主干网等按年度将本行政区域内的土地损毁情况、土地复垦工作开展情况等逐级上报。

上级国土资源主管部门对下级国土资源主管部门落实土地复垦法律法规情况、土地复垦义务履行情况、土地复垦效果等进行绩效评价。

第四十七条　县级以上国土资源主管部门应当对土地复垦档案实行专门管理，将土地复垦方案、土地复垦资金使用监管协议、土地复垦验收有关材料和土地复垦项目计划书、土地复垦实施情况报告等资料和电子数据进行档案存储与管理。

**第四十八条** 复垦后的土地权属和用途发生变更的，应当依法办理土地登记相关手续。

# 第七章 法律责任

**第四十九条** 条例第三十六条第六项规定的其他徇私舞弊、滥用职权、玩忽职守行为，包括下列行为：

（一）违反本办法第二十一条规定，对不符合规定条件的土地复垦义务人出具土地复垦费用支取通知书，或者对符合规定条件的土地复垦义务人无正当理由未在规定期限内出具土地复垦费用支取通知书的；

（二）违反本办法第四十一条规定，对不符合规定条件的申请人出具退还耕地占用税的意见，或者对符合规定条件的申请人无正当理由未在规定期限内出具退还耕地占用税的意见的；

（三）其他违反条例和本办法规定的行为。

**第五十条** 土地复垦义务人未按照本办法第十五条规定将土地复垦方案、土地复垦规划设计报所在地县级国土资源主管部门备案的，由县级以上地方国土资源主管部门责令限期改正；逾期不改正的，依照条例第四十一条规定处罚。

**第五十一条** 土地复垦义务人未按照本办法第十六条、第十七条、第十八条、第十九条规定预存土地复垦费用的，由县级以上国土资源主管部门责令限期改正；逾期不改正的，依照条例第三十八条规定处罚。

**第五十二条** 土地复垦义务人未按照本办法第二十五条规定开展土地复垦质量控制和采取管护措施的，由县级以上地方国土资源主管部门责令限期改正；逾期不改正的，依照条例第四十一条规定处罚。

# 第八章　附　则

**第五十三条**　铀矿等放射性采矿项目的土地复垦具体办法，由国土资源部另行制定。

**第五十四条**　本办法自 2013 年 3 月 1 日起施行。

# 实物地质资料管理办法

## 实物地质资料管理办法

国土资源部关于印发《实物地质资料管理办法》的通知

国土资规〔2016〕11 号

各省、自治区、直辖市国土资源主管部门,中国地质调查局:

根据《地质资料管理条例》(国务院令第 349 号)、《地质资料管理条例实施办法》(国土资源部令第 16 号)等有关规定,部组织对《国土资源部关于印发〈实物地质资料管理办法〉的通知》 (国土资发〔2008〕8 号)进行了修订,现予以印发,请遵照执行。

2016 年 9 月 29 日

第一条 为加强实物地质资料管理，充分发挥实物地质资料服务作用，根据《地质资料管理条例》（国务院令第 349 号）和《地质资料管理条例实施办法》（国土资源部令第 16 号），制定本办法。

第二条 实物地质资料的汇交、保管和利用，适用本办法。

第三条 国土资源部负责全国实物地质资料的汇交、保管和利用的监督管理。

省级国土资源主管部门负责本行政区域内实物地质资料汇交、保管和利用的监督管理。

第四条 实物地质资料实行分类筛选、分级保管。实物地质资料根据内容的重要性、典型性和代表性，分为Ⅰ、Ⅱ、Ⅲ类。国土资源部委托国土资源实物地质资料中心接收、保管Ⅰ类实物地质资料。省、自治区、直辖市国土资源主管部门的地质资料馆（以下简称"省级地质资料馆藏机构"）负责接收、保管Ⅱ类实物地质资料。矿业权人或项目承担单位自愿保管Ⅲ类实物地质资料。

第五条 国土资源部负责国土资源实物地质资料中心建设，馆藏建设和运行费用列入部门预算。国土资源实物地质资料中心可根据需要设立实物地质资料分库。

省级国土资源主管部门负责省级地质资料馆藏机构建设，馆藏建设和运行费用列入地方预算。鼓励通过建设区域分库或将管理职能向市、县延伸等方式提高实物地质资料保管服务能力。

受国土资源部委托的实物地质资料保管单位（以下简称"受委托保管单位"），负责本单位的实物地质资料馆藏建设和运行。

第六条 国土资源实物地质资料中心和省级地质资料馆藏

机构（以下简称"实物地质资料馆藏机构"）及受委托保管单位履行下列职责：

（一）筛选、采集、验收、整理、保管实物地质资料；

（二）向社会提供实物地质资料服务；

（三）建立健全馆藏实物地质资料保管、利用制度；

（四）每年1月底前向国土资源主管部门报送上一年度实物地质资料汇交、保管和服务等情况；

（五）国土资源主管部门规定的其他职责。

**第七条** 汇交人应在汇交成果地质资料之前，填写实物地质资料目录清单（附件1），报项目所在地的省级地质资料馆藏机构。

项目跨省级行政区的，可向其中任一省级地质资料馆藏机构报送。

古生物化石标本的汇交、收藏、保管和利用，依照《古生物化石保护条例》（国务院令第580号）的有关规定执行。

**第八条** 省级地质资料馆藏机构在收到实物地质资料目录清单后，按照《实物地质资料分类要求》（附件2），根据实物地质资料内容的重要性、典型性和代表性，筛选确定Ⅰ、Ⅱ类实物地质资料总目录清单，商国土资源实物地质资料中心从中筛选确定Ⅰ类实物地质资料目录清单。

**第九条** 省级地质资料馆藏机构在收到实物地质资料目录清单后，应在30个工作日内向汇交人印发实物地质资料汇交通知书（附件3），通知书明确Ⅰ、Ⅱ类实物地质资料汇交清单，对于经筛选无Ⅰ类和Ⅱ类实物地质资料的，向汇交人印发无Ⅰ类Ⅱ类实物地质资料回执（附件4）。汇交人收到实物地质资料汇交通知书后，应分类整理并保管好相应实物地质资料，以备验收。

第十条　实物地质资料馆藏机构在印发汇交通知书之日起30个工作日内，应到实物地质资料暂时保管地接收、验收汇交人汇交的Ⅰ类、Ⅱ类实物地质资料，通过验收的，出具验收交接单（附件5）。

通过验收的Ⅰ类实物地质资料由国土资源实物地质资料中心运输到保管地点妥善保管，Ⅱ类实物地质资料由省级地质资料馆藏机构运输到保管地点妥善保管。

第十一条　实物地质资料目录清单、实物地质资料汇交通知书、无Ⅰ类Ⅱ类实物地质资料回执、验收交接单等均通过全国地质资料汇交监管平台办理。

监管平台显示汇交人未依法履行实物地质资料汇交义务的，由负责接收地质资料的国土资源主管部门依据《地质资料管理条例实施办法》第二十四条规定，书面通知汇交人限期汇交。未按照本办法汇交实物地质资料或在汇交中弄虚作假的，依照《地质资料管理条例》第二十条和第二十一条的规定进行处罚。

第十二条　Ⅰ类、Ⅱ类实物地质资料的保管单位应符合《实物地质资料馆藏建设要求》（附件6）规定的条件。

第十三条　实物地质资料馆藏机构、受委托保管单位及汇交人应按照《实物地质资料保管要求》（附件7）的规定，妥善保管实物地质资料。

Ⅰ类、Ⅱ类实物地质资料需要用新产生的更优资料进行替换时，应分别报国土资源实物地质资料中心、省级地质资料馆藏机构组织论证和审定。未按本办法保管实物地质资料，擅自缩减、替换或处置Ⅰ类、Ⅱ类实物地质资料的，按照《地质资料管理条例》第二十二条规定予以处理。

**第十四条** 国土资源主管部门应建立和完善服务机制，强化监督检查，提高实物地质资料社会化服务能力。

实物地质资料馆藏机构和受委托保管单位应积极向社会提供公益性服务，依照规定收取工本费；提供非公益性服务的，按有关规定执行。

汇交人保存的实物地质资料可按市场原则向社会提供服务。

**第十五条** 国土资源实物地质资料中心应及时汇总、检查和整理全国实物地质资料信息，建立全国实物地质资料目录数据库、重要地质钻孔数据库及其他实物地质资料数据库。

省级地质资料馆藏机构应及时采集、录入和更新实物地质资料目录、重要地质钻孔等数据信息。

**第十六条** 对于本办法实施后新产生的实物地质资料，按本办法严格管理；对于本办法实施前形成的实物地质资料，由各省级国土资源主管部门组织开展清理工作，解决历史遗留问题。

**第十七条** 各省、自治区、直辖市国土资源主管部门可根据本办法的规定，制定具体办法。

**第十八条** 本办法自发布之日起施行，有效期8年，《国土资源部关于印发〈实物地质资料管理办法的通知〉》（国土资发〔2008〕8号）同时废止。

附件：1. 实物地质资料目录清单（格式）

2. 实物地质资料分类要求

3. 实物地质资料汇交通知书（格式）

4. 无Ⅰ类Ⅱ类实物地质资料回执（格式）

5. 实物地质资料验收交接单（格式）

6. 实物地质资料馆藏建设要求

7. 实物地质资料保管要求

## 附件1

### 实物地质资料目录清单（表一）（格式）

| 项目名称 | |
|---|---|
| 项目编号 | |
| 项目来源 | □中央财政安排项目　　　　□地方财政安排项目<br>□其他资金安排项目 |
| 所在行政<br>区名称 | 省（区、市）　　　市（地）　　　县（市） |
| 汇交人 | |
| 汇交人<br>联系方式 | 通讯地址：　　　　　　　　　　　邮政编码：<br>联系人：　　　　联系电话：　　　电子信箱： |
| 工作区<br>地理位置 | 经度：　度　分　秒　纬度：　度　分　秒<br>至　度　分　秒　　　至　度　分　秒 |
| 工作性质 | □区调　□矿产　□海洋　□水工环　□科研　□其他 |
| 工作程度 | 比例尺：□小于1：100万　□1：100万　□1：50万<br>　　　　□1：25万　□1：20万　□1：10万　□1：5万<br>　　　　□1：2.5万　□1：1万　□大于1：1万<br>工作阶段：□预查　□普查　□详查　□勘探　□开发 |
| 地质简况 | 大地构造位置：（填至三级）<br>成矿带：（填至三级）<br>主要矿种：　　　成因类型：　　　成矿时代： |

续表

| 主要成果简述 | 主要填写"工作进展情况、取得的项目成果及新的发现"等。 | | |
|---|---|---|---|
| 实物数量<br>(详见表二、表三) | 岩矿心：　　孔，总进尺　　米，取心　　米，岩屑　　袋。 | | |
| | 标本：　　　块 | 样品（副样）：　　　袋 | |
| | 光片：　　件 | 薄片：　　　件 | |
| | 其他： | | |
| 汇交人盖章<br>年　　月　　日 | | 备注：<br><br>说明：表中属于选项栏的，只需在方框□中打"√"。有野外地质工作量的项目均应填报此表。 | |

填表人：　　　　　　　　　　　　　　　　　年　　月　　日

**实物地质资料目录清单（表二）（格式）**

| 序号 | 钻孔名称 | 钻孔位置 | | 总进尺（米） | 取心数量（米） | 岩屑（袋） | 见矿深度范围（米） | 备注 |
|---|---|---|---|---|---|---|---|---|
| | | 经度 | 纬度 | | | | | |
| | | | | | | | | |
| | | | | | | | | |
| | | | | | | | | |
| | | | | | | | | |
| | | | | | | | | |
| | | | | | | | | |
| | | | | | | | | |

说明：有钻探工程的项目除填报表一外，还应填报此表。

实物地质资料目录清单（表三）（格式）

| 序号 | 图幅名称 | 实测剖面名称 | 标本数量（块） | 光片数量（件） | 薄片数量（件） | 重要发现 | 副样数量（袋） | 备注 |
|---|---|---|---|---|---|---|---|---|
|  |  |  |  |  |  |  |  |  |
|  |  |  |  |  |  |  |  |  |
|  |  |  |  |  |  |  |  |  |
|  |  |  |  |  |  |  |  |  |
|  |  |  |  |  |  |  |  |  |
|  |  |  |  |  |  |  |  |  |
|  |  |  |  |  |  |  |  |  |
|  |  |  |  |  |  |  |  |  |
|  |  |  |  |  |  |  |  |  |

说明：区调项目除填报表一外，还应填报此表。

## 附件 2

## 实物地质资料分类要求

本要求主要用于指导实物地质资料馆藏机构和汇交人对实物地质资料进行分类筛选，根据实物地质资料的重要性、典型性和代表性，从区域地质调查、矿产勘查、海洋地质、水文地质、工程地质、环境地质、地质科学研究七大类地质工作项目产生的实物地质资料中筛选出Ⅰ、Ⅱ、Ⅲ类。

Ⅰ类实物地质资料是从能够反映全国或区域地质现象或重大地质工作成果，具有全国重要性、典型性和代表性的实物地质资料中筛选。

Ⅱ类实物地质资料是从能够反映本省（区、市）或一定行政区域地质特征和主要地质工作成果，具有本省（区、市）或一定行政区域重要性、典型性和代表性的实物地质资料中筛选。

Ⅲ类实物地质资料是除Ⅰ、Ⅱ类外其它具有重要重复利用价值的实物地质资料。

附件3

## 实物地质资料汇交通知书（格式）

（全或省简称）实资通字〔20××〕第××号

××××（汇交人名称）：

你单位报送的××××××（项目名称及编号）形成的实物地质资料目录清单已收到，根据《实物地质资料管理办法》的有关规定，你单位报送的本通知附表所列的实物地质资料应向国土资源主管部门汇交。××××××（馆藏机构名称）30个工作日内将到现场进行验收与接收，具体时间由负责接收地质资料的地质资料馆藏机构另行通知。

附表：应汇交实物地质资料清单

馆藏机构地质资料汇交管理专用章

××××年××月××日

**附表：**

### 应汇交实物地质资料清单（格式）

| 项目名称 | | | |
|---|---|---|---|
| 项目编号或探（采）矿权许可证号 | | | |
| 序号 | 相关资料资料类别 | 资料名称 | 数量及单位 |
| | | | |
| | | | |
| | | | |
| | | | |
| | | | |
| | | | |
| | | | |
| | | | |
| | | | |
| | | | |
| | | | |
| | | | |
| | | | |

说明：本表一式两份，汇交人和负责接收地质资料的馆藏机构各一份。表中"资料类别"项填写Ⅰ类或Ⅱ类；"数量及单位"项的"单位"按以下规则填写："岩心"类填"米"，"标本"类填"块"，"副样"和"岩屑"类填"袋"，"光薄片"类填"件"。

**附件 4**

# 无 I 类 II 类实物地质资料回执（格式）

（全或省简称）实资回字〔20××〕第××号

××××（汇交人名称）：

你单位报送的××××××（项目名称及编号）形成的实物地质资料目录清单已收到，根据《实物地质资料管理办法》的有关规定，经研究确定该项目无需向国土资源主管部门汇交实物地质资料，由你单位按国家有关规定妥善保管。

馆藏机构地质资料汇交管理专用章

××××年××月××日

**附件 5**

### 实物地质资料验收交接单（格式）

| 项目名称 | | | |
|---|---|---|---|
| 项目编号或探（采）矿权许可证号 | | | |
| 序号 | 相关资料资料类别 | 资料名称 | 数量及单位 |
| | | | |
| | | | |
| | | | |

| | |
|---|---|
| 接收方经办人（签字）： | 汇交方经办人（签字）： |
| 年　月　日 | 年　月　日 |

注：本文书一式二份，接收方（馆藏机构）一份，汇交人一份。表中"数量及单位"项的"单位"按以下规则填写："文字类"填写"册"，"图件类"填写"幅"；"岩心"类填"米"，"标本"类填"块"，"副样"和"岩屑"类填"袋"，"光薄片"类填"件"。

## 附件6

### 实物地质资料馆藏建设要求

本要求适用于实物地质资料馆藏机构和拥有地质勘查资质的单位及其他实物地质资料保管单位的馆藏建设。

根据实物地质资料馆藏机构和保管单位在馆舍建筑、设施与设备、人员、经费、馆藏、业务六个方面应具备的条件，将其分为三级：特级、甲级和乙级。

国土资源实物地质资料中心应按照特级要求建设，省级地质资料馆藏机构应按照甲级（含）以上要求建设，其它实物地质资料保管单位可参照乙级要求建设实物地质资料库房。

附表：实物地质资料馆藏机构分级表

## 附表

**实物地质资料馆藏机构分级表**

| | | 要　求 | 特级 | 甲级 | 乙级 |
|---|---|---|:---:|:---:|:---:|
| 馆舍建筑 | 总体建筑 | 实物地质资料馆藏机构有独立建造、自成体系的独栋地质资料馆舍。 | √ | | |
| | | 实物地质资料馆藏机构所在建筑应符合《档案馆建筑设计规范》中甲级档案馆的建设要求（包括防火、防震、防雷等级、馆址选择、建筑设计、档案防护、防火设计、建筑设备等）。 | √ | √ | |
| | 库房 | 各库房集中布置，自成一区。库区内不应设置其他用房，其他用房之间的交通也不得穿越库区。库房内的保管条件应符合"防盗、防光、防高温、防火、防潮、防尘、防鼠、防虫"八防要求。与库房有关的安全管理制度应挂在库房内或库房附近适宜且醒目的位置。 | √ | √ | √ |
| | | 实物库应位于建筑底层，有地下室时设在最下层，没有地下室时设在地面一层。实物库的设计地面载荷应满足需要。 | √ | √ | √ |
| | | 设置独立实物库和纸质资料库房。 | √ | √ | |
| | | 有特殊实物库（防辐射、恒温恒湿、低温、超低温、高压、低压）。 | √ | | |
| | | 实物库温度、湿度应满足不同类型实物地质资料保管需要。 | √ | √ | |
| | 业务与技术用房 | 有实物整理室。 | √ | √ | |
| | | 有岩心扫描室、标本摄像室、实物取样室、检测分析室等。 | √ | √ | |

| 要　求 | | | 特级 | 甲级 | 乙级 |
|---|---|---|---|---|---|
| 馆舍建筑 | 业务与技术用房 | 有纸质资料整理室、纸质资料扫描室、电子文件处置室、网络机房和值班室等。 | √ | | |
| | | 业务与技术用房使用面积（平方米）。 | ≥500 | ≥200 | |
| | 查阅资料用房 | 查阅资料用房使用面积（平方米）。 | ≥500 | ≥200 | |
| | | 有实物观察室。 | √ | √ | |
| | | 有纸质资料阅览室和电子资料阅览室。 | √ | √ | |
| | | 有接待室、实物展览室和会议报告室等。 | √ | | |
| 设施与设备 | 馆舍建筑中的设施与设备 | 所在建筑应配备《档案馆建筑设计规范》中要求的各项设施与设备。 | √ | √ | √ |
| | | 符合《档案馆建筑设计规范》中甲级档案馆的建设要求各项设施和设备。 | √ | √ | |
| | | 设置防盗报警及视频监视系统。 | √ | √ | |
| | 库房中的设施与设备 | 配备有防火、防盗、防虫等设施和设备。 | √ | √ | √ |
| | | 配备火灾自动报警设施和灭火系统。灭火系统应采用惰性气体灭火系统。 | √ | √ | |
| | | 配备自动化立体仓储设施，采用叉车和托盘车等设备搬运实物。 | √ | √ | |
| | 业务与技术用房设施与设备 | 配备开展日常工作所需的相关设备。 | √ | √ | √ |
| | | 配备实物整理设备（工作台、蜡封机、计算机、打印机、喷漆枪、切纸机、塑封机、清洁工具等）、给排水系统和通风除尘系统。 | √ | √ | |
| | | 设有取样和制样设备，包括：切片机、岩心钻柱机、岩心剖切机（便携和台式）、碎样机、磨片机等。 | √ | √ | |
| | | 配备灭火系统，应采用水喷雾灭火系统或非卤代烷灭火系统。 | √ | √ | |
| | | 配备大幅面扫描仪、大幅面打印机。 | √ | | |

| | | 要　　求 | 特级 | 甲级 | 乙级 |
|---|---|---|---|---|---|
| 设施与设备 | 查阅资料用房设施与设备 | 配备文本资料打印、复印、扫描设备。 | √ | √ | √ |
| | | 设有实物观察设备，包括：显微镜、放大镜、罗盘、皮卷尺、钢尺、三角板、计算器、量角器、图板、照明灯具、稀盐酸等。 | √ | √ | √ |
| | | 纸质资料阅览室、电子阅览室内应设置自动防盗监控系统。 | √ | √ | |
| | | 设有各类检索服务设备（计算机、掌上电脑、多点触控屏幕、多媒体展厅数字墙、网络在线虚拟现实展示系统）。 | √ | √ | |
| | 实物地质资料扫描数字化设备 | 配备实物表面图像扫描或照相设备，包括岩心表面图像扫描仪、标本摄像仪和带有照相功能的显微镜等。 | √ | √ | |
| | | 配备实物定量、半定量参数扫描数字化设备，包括元素浓度、矿物组成、结构构造、电阻率、磁化率等扫描数字化设备。 | √ | | |
| 人员 | 数量 | 直接从事实物地质资料管理工作的人员（人）。 | ≥50 | ≥20 | ≥3 |
| | 结构 | 年龄、学历、专业结构合理，有地质、档案、计算机等不同专业人员。 | √ | √ | |
| | | 中、高级职称或本科学历以上技术人员应占总人数的30%以上。 | √ | √ | |
| 经费 | 预算 | 列入国家、地方财政预算，或有稳定的经费保障。 | √ | √ | √ |
| | 数额 | 经费数量能够保障馆藏机构日常运行和管理与服务等工作需要。 | √ | √ | √ |

续表

| | 要 求 | | 特级 | 甲级 | 乙级 |
|---|---|---|---|---|---|
| 馆藏 | 馆藏容量 | 库房容量（按岩心延米数计算）。 | ≥50万 | ≥30万 | ≥5万 |
| 业务工作 | 资料接收 | 按规定接收实物地质资料目录，开展实物地质资料筛选分类。 | √ | √ | |
| | | 按规定接收、验收汇交的实物地质资料。 | √ | √ | |
| | 馆藏管理 | 对入库的实物进行统一的整理。 | √ | √ | √ |
| | | 开展实物表面图像扫描或照相工作。 | √ | √ | |
| | | 开展实物定量、半定量扫描数字化工作。 | √ | √ | |
| | | 定期、不定期检查各类实物保管状态。 | √ | √ | √ |
| | 服务利用 | 提供实物地质资料观察、取样等服务。 | √ | √ | |
| | | 提供实物地质资料社会化网络服务。 | √ | √ | |
| | | 提供资料目录互联网查询服务。 | √ | √ | |
| | | 提供各类实物扫描数字化数据互联网查询浏览服务。 | √ | √ | |

## 附件7

# 实物地质资料保管要求

一、入库保管要求

（一）资料整理。

实物地质资料馆藏机构和保管单位，要按照《实物地质资料馆藏管理技术要求》（DD2010-05）规定的技术方法，对接收的实物地质资料进行建档和必要的整理后入库保管，确保实物地质资料在保管过程中的安全和稳定，主要工作如下：

1. 核对资料。

根据实物地质资料目录清单核对实物地质资料的数量、完整性和各类标识的齐全性。

2. 清洁资料。

将实物地质资料表面的灰尘、污垢等清洁干净，至露出实物的表面纹理或表面地质特征清晰，便于后期观察和扫描数字化等。

3. 更换装具。

按照实际要求对实物地质资料的装具进行统一或部分更换，装具应满足性能稳定、抗变形、抗风化、耐腐蚀、便于长期保管的要求。

4. 补充标识。

检查实物地质资料的各项标识是否清晰、完整、连续，补充缺失的标识。

5. 包装防护。

对于易挥发、易潮解、易氧化和易变质等性能不稳定的实物地质资料，要采取必要的包装防护措施。

（二）分配并登记存储空间。

根据库房空间情况，合理安排实物地质资料存储位置，以方便实物地质资料的查询和调用。并对存储位置进行登记，建立库房台账。

（三）保管环境要求。

1. 保管实物地质资料的库房须满足防盗、防光、防高温、防火、防潮、防尘、防鼠、防虫八防要求。

2. 按照实物地质资料的物理性质，选择常温、恒温、低温、密封、恒压、高压、低压等保管方式。

（四）其他事项。

实物地质资料库房要建立设施设备保养与维护、库房环境维护与检测、资料保管情况定期检查等工作制度，对实物库的设施设备、实物地质资料的保管环境和保管情况等进行定期的检查、维护，确保实物地质资料得到安全、有序、和长期的保管。有条件的汇交人可参照上述要求将Ⅲ类实物地质资料入库保管。

二、埋藏保管要求

实物地质资料馆藏机构、保管单位和汇交人要按照以下要求对需埋藏保管的实物地质资料进行埋藏保管。

（一）准备工作。

1. 结合相关地质资料，以项目为单位收集实物地质资料的污染性信息，包括放射性实物的辐射强度数据和其他易产生污染的有毒有害组分含量，准确地评估埋藏实物的污染隐患。

2. 将易引起污染的实物地质资料拣选出来，单独装箱、登记，并将放射性辐射强度数据或样品分析结果填写在登记表的备注中，为制定埋藏、清除方案提供依据。

（二）资料埋藏。

1. 具有放射性或有毒有害成分的实物地质资料必须深埋或送专门冶炼厂处理，处理后要符合相应的行业标准规范，以防污染环境。

2. 应以地质工作项目或矿区为单元，以实测剖面或钻孔为单位，自深而浅依次埋藏于坑中。

3. 选择地势较高，不易积水的场地作为坑址。可利用工矿废弃地、拟平复的槽、井探工程掩埋，山区可利用山洞或废坑道，黄土高原可挖窑洞，平坦地区可挖浅坑等。

4. 浅坑的四壁及底部应用水泥涂浆抹平，坑底用 10cm ~ 20cm 的砂砾铺平或铺防水油纸、塑料等。

5. 埋藏岩矿心、标本等实物地质资料时，应按剖面线及钻孔顺序依次放入坑内。埋藏时应照相或摄像存档。

6. 放置岩矿心时，应从终孔岩矿心放起，每一个钻孔的最上面一排岩矿心都应用油漆写上孔号，以区别于其上堆放的其他钻孔的岩矿心。岩矿心铺放长度不宜过长，以 1m 为宜，堆放高度不超过 1.5m，应堆放整齐。在长岩心坑内分段放置岩矿心时，各段之间应用砖或其他硬质材料隔开，岩心顶部覆盖厚度应在 0.5m 以上。

7. 放置标本时，应从剖面线末端放起，每一个剖面的最上面一排标本都应用油漆写上剖面编号，以区别于其上堆放的其他剖面的标本。标本铺放长度不宜过长，以 1m 为宜，堆放高度不超过 1.5m，应堆放整齐。在长标本坑内分段放置标本时，各段之间应用砖或其他硬质材料隔开，标本顶部覆盖厚度应在 0.5m 以上。

8. 利用坑道或山洞埋藏岩矿心、标本等实物地质资料的，应将坑道、山洞等封闭。

9. 埋藏点应编号、登记、标明位置，设立地石标志。绘制埋藏坑分布图及坑内埋藏实物地质资料示意图。

全国普法学习读本
★ ★ ★ ★ ★ ★

农业与土地开发法律法规学习读本

# 农业开发法律法规

李勇 主编

汕头大学出版社

# 图书在版编目（CIP）数据

农业开发法律法规／李勇主编． -- 汕头：汕头大学出版社（2021.7 重印）

（农业与土地开发法律法规学习读本）

ISBN 978-7-5658-3672-5

Ⅰ．①农… Ⅱ．①李… Ⅲ．①农业开发-农业法-基本知识-中国 Ⅳ．①D922.44

中国版本图书馆 CIP 数据核字（2018）第 143156 号

农业开发法律法规　　　　NONGYE KAIFA FALÜ FAGUI

主　　编：李　勇

责任编辑：邹　峰

责任技编：黄东生

封面设计：大华文苑

出版发行：汕头大学出版社

　　　　　广东省汕头市大学路 243 号汕头大学校园内　邮政编码：515063

电　　话：0754-82904613

印　　刷：三河市南阳印刷有限公司

开　　本：690mm×960mm 1/16

印　　张：18

字　　数：226 千字

版　　次：2018 年 7 月第 1 版

印　　次：2021 年 7 月第 2 次印刷

定　　价：59.60 元（全 2 册）

ISBN 978-7-5658-3672-5

# 前　言

习近平总书记指出："推进全民守法，必须着力增强全民法治观念。要坚持把全民普法和守法作为依法治国的长期基础性工作，采取有力措施加强法制宣传教育。要坚持法治教育从娃娃抓起，把法治教育纳入国民教育体系和精神文明创建内容，由易到难、循序渐进不断增强青少年的规则意识。要健全公民和组织守法信用记录，完善守法诚信褒奖机制和违法失信行为惩戒机制，形成守法光荣、违法可耻的社会氛围，使遵法守法成为全体人民共同追求和自觉行动。"

中共中央、国务院曾经转发了中央宣传部、司法部关于在公民中开展法治宣传教育的规划，并发出通知，要求各地区各部门结合实际认真贯彻执行。通知指出，全民普法和守法是依法治国的长期基础性工作。深入开展法治宣传教育，是全面建成小康社会和新农村的重要保障。

普法规划指出：各地区各部门要根据实际需要，从不同群体的特点出发，因地制宜开展有特色的法治宣传教育坚持集中法治宣传教育与经常性法治宣传教育相结合，深化法律进机关、进乡村、进社区、进学校、进企业、进单位的"法律六进"主题活动，完善工作标准，建立长效机制。

特别是农业、农村和农民问题，始终是关系党和人民事业发展的全局性和根本性问题。党中央、国务院发布的《关于推进社会主义新农村建设的若干意见》中明确提出要"加强农村法制建设，深入开展农村普法教育，增强农民的法制观念，提高农民依法行使权利和履行义务的自觉性。"多年普法实践证明，普及法律知识，提高法制观念，增强全社会依法办事意识具有重要作用。特别是在广大农村进行普法教育，是提高全民法律素质的需要。

多年来，我国在农村实行的改革开放取得了极大成功，农村发生了翻天覆地的变化，广大农民生活水平大大得到了提高。但是，由于历史和社会等原因，现阶段我国一些地区农民文化素质还不高，不学法、不懂法、不守法现象虽然较原来有所改变，但仍有相当一部分群众的法制观念仍很淡化，不懂、不愿借助法律来保护自身权益，这就极易受到不法的侵害，或极易进行违法犯罪活动，严重阻碍了全面建成小康社会和新农村步伐。

为此，根据党和政府的指示精神以及普法规划，特别是根据广大农村农民的现状，在有关部门和专家的指导下，特别编辑了这套《全国普法学习读本》。主要包括了广大人民群众应知应懂、实际实用的法律法规。为了辅导学习，附录还收入了相应法律法规的条例准则、实施细则、解读解答、案例分析等；同时为了突出法律法规的实际实用特点，兼顾地方性和特殊性，附录还收入了部分某些地方性法律法规以及非法律法规的政策文件、管理制度、应用表格等内容，拓展了本书的知识范围，使法律法规更"接地气"，便于读者学习掌握和实际应用。

在众多法律法规中，我们通过甄别，淘汰了废止的，精选了最新的、权威的和全面的。但有部分法律法规有些条款不适应当下情况了，却没有颁布新的，我们又不能擅自改动，只得保留原有条款，但附录却有相应的补充修改意见或通知等。众多法律法规根据不同内容和受众特点，经过归类组合，优化配套。整套普法读本非常全面系统，具有很强的学习性、实用性和指导性，非常适合用于广大农村和城乡普法学习教育与实践指导。总之，是全国全民普法的良好读本。

# 目　录

## 国家农业综合开发资金和项目管理办法

## 国家农业综合开发部门项目管理办法

# 农业综合开发财务管理办法

# 农业基本建设项目管理办法

# 目　录

# 国家农业综合开发资金和项目管理办法

中华人民共和国财政部令

第 84 号

财政部对《国家农业综合开发资金和项目管理办法》（财政部令第 29 号、第 60 号）进行了修订，修订后的《国家农业综合开发资金和项目管理办法》已经部务会议审议通过，现予公布，自 2017 年 1 月 1 日起施行。

部长

2016 年 9 月 6 日

## 第一章　总　则

**第一条**　为了规范国家农业综合开发资金和项目管理，保证资金安全有效和项目顺利实施，根据《中华人民共和国预算法》（以下简称预算法）等法律、行政法规和国家有关规定，制定本办法。

第二条　本办法所称农业综合开发是指中央政府为支持农业发展，改善农业生产基本条件，优化农业和农村经济结构，提高农业综合生产能力和综合效益，设立专项资金对农业资源进行综合开发利用和保护的活动。

第三条　农业综合开发的主要任务是加强农业基础设施和生态建设，转变农业发展方式，推进农村一、二、三产业融合发展，提高农业综合生产能力，保障国家粮食安全，带动农民增收，促进农业可持续发展和农业现代化。

第四条　农业综合开发项目包括土地治理项目和产业化发展项目。

土地治理项目包括高标准农田建设，生态综合治理，中型灌区节水配套改造等。

产业化发展项目包括经济林及设施农业种植基地、养殖基地建设，农产品加工，农产品流通设施建设，农业社会化服务体系建设等。

第五条　农业综合开发实行国家引导、民办公助的多元投入机制，发挥市场在资源配置中的决定性作用，资金和项目管理应当遵循以下原则：

（一）因地制宜，统筹规划；

（二）集约开发，注重效益；

（三）产业主导，突出重点；

（四）公平公开，奖优罚劣。

第六条　依照统一组织、分级管理的原则，合理划分国家农业综合开发办公室（以下简称国家农发办）和省、自治区、直辖市、计划单列市、新疆生产建设兵团、黑龙江省农垦总局、广东省农垦总局（以下统称省）农业综合开发机构（以下简称农发机构）的管理权限和职责。

国家农发办负责管理和指导全国农业综合开发工作，拟订农业综合开发政策制度和发展规划，管理和统筹安排中央财政农业综合开发资金，对农业综合开发资金和项目进行监管。

省级农发机构负责管理和指导本地区农业综合开发工作，拟定本地区农业综合开发具体政策和发展规划，分配本地区农业综合开发资金，组织开展农业综合开发项目管理，确定本地区各级农发机构的管理职责，对本地区农业综合开发资金和项目进行监管。

第七条　农业综合开发主要扶持农业主产区，重点扶持粮食主产区。非农业主产区的省应当确定本地区重点扶持的农业主产县（包括自治县、不设区的市、市辖区、旗及农场，下同）。

第八条　农业综合开发应当以促进农业可持续发展为目标，优化开发布局。对资源环境承载能力强、能够永续利用的区域实行重点开发；对资源环境承载能力有限，但有一定恢复潜力、能够达到生态平衡和环境再生的区域实行保护性开发，以生态综合治理和保护为主，适度开展高标准农田建设；对资源环境承载能力较差、生态比较脆弱的区域实行限制开发，以生态环境恢复为主。

第九条　农业综合开发以农民为受益主体，扶持对象包括专业大户、家庭农场、农民合作组织、农村集体经济组织以及涉农企业与单位等。

第十条　农业综合开发实行开发县管理。土地治理项目应当安排在开发县。

开发县实行总量控制、分级管理、定期评估、奖优罚劣的管理方式。

国家农发办根据总体资金规模、各省资源禀赋、开发政策等核定各省的开发县总数量，省级农发机构在总数量以内根据耕地面积、产业优势、工作基础等确定本省具体开发县。

# 第二章　资金管理

**第十一条**　中央财政与地方财政分别承担农业综合开发支出责任。

中央财政根据农业综合开发工作的目标和任务在年度预算中安排必要的资金用于农业综合开发。

地方各级财政投入资金应当列入同级政府年度预算。

**第十二条**　中央财政农业综合开发资金分配主要采取因素法，分配因素包括基础资源因素、工作绩效因素和其他因素，其中以基础资源因素为主。

基础资源因素包括耕地面积、高标准农田建设规划任务、粮食及棉花糖料等大宗农产品产量、水资源等基础数据；工作绩效因素包括资金管理、项目管理、综合管理、监督管理等工作情况；其他因素主要包括特定的农业发展战略要求、政策创新情况等。

财政部可以根据年度农业综合开发工作任务重点，适当调整每年分配资金选择的具体因素和权重。

**第十三条**　农业综合开发可以采取补助、贴息等多种形式，吸引社会资金，增加农业综合开发投入。

**第十四条**　国家农发办根据农业综合开发项目的类型和扶持对象规定项目自筹资金的投入比例。

鼓励土地治理项目所在地的农村集体和农民以筹资投劳的形式进行投入。

**第十五条**　农业综合开发财政资金投入以土地治理项目为重点。省级农发机构根据国家农发办的规定和本省资源状况和经济发展要求确定本省土地治理项目和产业化发展项目的投入比例。

**第十六条** 农业综合开发财政资金应当用于以下建设内容：

（一）农田水利工程建设；

（二）土地平整、土壤改良；

（三）田间道路建设；

（四）防护林营造；

（五）牧区草场改良；

（六）优良品种、先进技术推广；

（七）种植、养殖基地建设；

（八）农业生产、农产品加工设备购置和厂房建设；

（九）农产品储运保鲜、批发市场等流通设施建设；

（十）农业社会化服务体系建设；

（十一）国家农发办规定的其他内容。

**第十七条** 农业综合开发财政资金的支出范围包括：

（一）项目建设所需的材料、设备购置及施工支出；

（二）项目可行性研究、初步设计（实施方案）编制、环境影响评价、勘察设计、工程预决算审计等支出；

（三）工程监理费；

（四）科技推广费；

（五）项目管理费；

（六）土地治理项目工程管护费；

（七）贷款贴息；

（八）国家农发办规定的其他费用。

**第十八条** 本办法第十七条中规定的项目管理费由县级农发机构按土地治理项目财政投入资金的一定比例提取使用，财政投入资金1500万元以下的按不高于3%提取；超过1500万元的，其超过部分按不高于1%提取。

项目管理费主要用于农业综合开发项目实地考察、评审、检查验收、宣传培训、工程招标、信息化建设、工程实施监管、绩效评价、资金和项目公示等项目管理方面的支出。

省级、设区的市级农发机构项目管理经费由本级政府预算安排，不得另外提取。

**第十九条** 农业综合开发财政资金应当严格执行国家有关农业综合开发财务、会计制度，实行专人管理、专账核算、专款专用。

**第二十条** 各级财政部门应当根据法律、行政法规和财政部的有关规定，及时、足额地拨付资金，加强管理和监督。

**第二十一条** 农业综合开发项目财政资金支付实行县级报账制，按照国库集中支付制度的有关规定执行。

土地治理项目实施单位要严格按照规定的程序和要求办理报账。县级财政部门应当根据已批准的年度项目实施计划和工程建设进度情况，及时、足额地予以报账，并根据项目竣工决算进行清算。

产业化发展项目，县级财政部门应当在项目完成至少过半后办理报账，并在项目完工验收后根据验收确认意见及时、足额支付财政资金。

**第二十二条** 农业综合开发项目结余资金应当按照规定收回同级财政。

# 第三章 项目管理

**第二十三条** 农业综合开发项目的前期准备是指项目申报前的准备工作，包括制定开发规划、建立项目库、编制项目可行性研究报告等。前期准备工作应当做到常态化、规范化。

**第二十四条** 地方各级农发机构应当根据国家农业综合开发

政策和本地区经济社会发展中长期规划，编制农业综合开发规划及阶段性开发方案。

第二十五条　国家农发办应当适时公布下一年度农业综合开发扶持政策和重点。

第二十六条　地方各级农发机构根据国家农业综合开发扶持政策、扶持重点和本地区农业综合开发规划及阶段性开发方案，建立项目库，并实行动态管理。

第二十七条　纳入项目库的项目应当有项目建议书。项目建议书的主要内容包括项目建设的必要性、建设单位基本情况、建设地点、建设条件、建设方案、投资估算及来源、效益预测等。

第二十八条　项目申报单位向当地农发机构申报下一年度项目时，应当提交项目申请和项目可行性研究报告等材料，并对申报材料的真实性负责。

可行性研究报告应当根据项目类型的要求编制，其主要内容包括：项目建设背景和必要性，申报单位基本情况，建设地点、现状与建设条件，产品方案、建设规模与工艺技术方案，建设布局与建设内容，组织实施与运营管理，投资估算与资金筹措，环境影响分析，综合效益评价以及必要的附件等。

产业化发展项目申报单位可以将可行性研究报告与项目建议书合并编制，并向当地农发机构提交。

第二十九条　项目申报单位申报的项目应当满足以下条件：

（一）土地治理项目应当符合相关规划，有明确的区域范围，水源有保证，灌排骨干工程建设条件基本具备；地块相对集中连片，治理后能有效改善生产条件或生态环境；当地政府和农民群众积极性高。

（二）产业化发展项目应当符合产业政策和行业发展规划；

资源优势突出，区域特色明显；市场潜力大、示范带动作用强、预期效益好；项目建设符合生态环境保护和资源节约利用要求。

**第三十条** 省级农发机构负责组织评审本地区申报的农业综合开发项目。

省级农发机构根据本地区实际情况可以下放项目评审权限。

项目评审应当以有关法律法规、行业标准和农业综合开发政策为依据，对申报项目建设必要性、技术可行性和经济合理性进行评估和审查，为项目确立提供决策依据。

**第三十一条** 在评审可行的基础上，由负责组织评审的农发机构根据资金额度，择优确定拟扶持项目和资金数额。项目原则上一年一定。

负责组织评审的农发机构应当将拟扶持的项目及资金数额通过互联网等媒介向社会公示，涉及国家秘密的内容除外。公示期一般不少于7日。

**第三十二条** 拟扶持项目确定后，项目实施单位应当组织编制初步设计（实施方案），主要内容包括：项目总体设计，主要建筑物设计，机械、设备及仪器购置计划，配套设施设计，工程概算，项目建设组织与管理，项目区现状图和工程设计图等。

土地治理项目初步设计（实施方案）由省级或者设区的市级农发机构负责组织审定。

产业化发展项目初步设计（实施方案）由项目实施单位自行审定后报县级农发机构备案。对于不涉及工程建设内容的产业化发展项目，初步设计（实施方案）可根据具体情况由评审通过的可行性研究报告或者项目建议书替代。

**第三十三条** 地方各级农发机构应当根据拟扶持项目初步设计（实施方案）的审定或者备案情况，编制、汇总农业综合开发年度项目实施计划。

省级农发机构负责批复本地区农业综合开发年度项目实施计划,并报国家农发办备案,同时抄送财政部驻当地财政监察专员办事处(以下简称专员办)。

地方各级农发机构应当按照年度项目实施计划开展项目实施、检查验收工作。

**第三十四条** 农业综合开发项目应当推行项目法人制。土地治理项目按照国家有关招标投标、政府采购、工程监理、资金和项目公示等规定执行;产业化发展项目由项目实施单位自行实施,并实行资金和项目公示制。

**第三十五条** 项目实施单位应当按照初步设计(实施方案)组织实施项目,按期建成并达到项目的建设标准。

农业综合开发项目建设期一般为1—2年。

**第三十六条** 年度项目实施计划必须严格执行,不得擅自调整或终止。确需进行调整或终止的,由省级农发机构负责批复,省级农发机构可以适当下放项目调整的批复权限。

前款所称项目调整是指项目建设内容、建设地点和建设期限发生变化。

终止项目和省级农发机构批复调整的项目应当报国家农发办备案。

**第三十七条** 土地治理项目竣工后,项目实施单位应当逐项检查初步设计(实施方案)完成情况,及时编报项目竣工决算,做好项目竣工验收前的准备工作。

项目竣工决算审批管理职责和程序要求,由省级财政部门确定。

**第三十八条** 土地治理项目由省级或者设区的市级农发机构组织验收。验收的主要内容包括执行国家农业综合开发规章制度情况、项目建设任务完成情况、主要工程建设的质量情况、资金到位和使用情况、工程运行管理和文档管理情况等。

产业化发展项目由县级农发机构组织验收。验收时，县级农发机构应当进行实地核查，确认项目完成情况。

**第三十九条** 土地治理项目实施单位应当依照《基本建设财务规则》（财政部令第 81 号）有关资产交付管理的规定及时办理资产交付，并根据资产交付情况明确管护主体。

土地治理项目管护主体应当建立健全各项运行管护制度，明确管护责任、管护内容和管护要求，保证项目工程在设计使用期限内正常运行。

**第四十条** 省级农发机构应当按规定时限向国家农发办报送上年度项目实施计划完成情况，同时抄送财政部驻当地专员办。

**第四十一条** 对财政资金投入较少的项目和贴息项目，省级农发机构可以简化有关项目申报、初步设计（实施方案）、项目调整、项目验收、资金报账等方面的程序和要求。

# 第四章　监督管理

**第四十二条** 各级农发机构应当按照预算法、《中华人民共和国政府信息公开条例》等有关规定，公开农业综合开发项目立项政策、申请条件、提交申请材料目录、评审标准、程序和结果等情况，接受社会监督。

**第四十三条** 各级农发机构应当制定、实施内部控制制度，对农业综合开发资金和项目管理风险进行预防和控制。

**第四十四条** 各级财政部门和各级农发机构应当加强对农业综合开发资金和项目的预算绩效管理。

国家农发办采取直接组织或委托第三方的方式，对各省的农业综合开发资金和项目开展绩效评价和进行监督检查。

地方各级农发机构应当定期对本地区农业综合开发资金和项目开展绩效评价，加强事前、事中、事后的监督检查，发现问题及时纠正。

**第四十五条** 财政部驻各地专员办应当按照工作职责和财政部要求，开展农业综合开发资金有关预算监管工作。

**第四十六条** 监督检查、绩效评价和预算执行监管结果应当作为分配农业综合开发资金的重要参考。

**第四十七条** 农业综合开发财政资金使用中存在违法违规行为的，各级财政部门应当按照预算法和《财政违法行为处罚处分条例》等国家有关规定追究法律责任。

农业综合开发项目实施过程中发现存在严重违法违规问题的，地方各级农发机构应当及时终止项目。

**第四十八条** 对存在严重违法违规问题的农业综合开发县，省级以上农发机构应当暂停或取消其开发县资格。

**第四十九条** 各级农发机构应当积极配合审计部门、财政部门的审计和监督检查，对发现的问题及时整改。

# 第五章　附　　则

**第五十条** 省级农发机构应当根据本办法，结合本地区的实际情况，制订具体实施办法，报财政部备案，并抄送财政部驻当地专员办。

**第五十一条** 中央有关部门农业综合开发资金和项目管理参照本办法执行。

农业综合开发利用国际金融组织及外国政府贷款赠款项目管

理办法另行制定。

国家对涉农资金统筹整合使用另有规定的，依照其规定。

**第五十二条** 本办法自 2017 年 1 月 1 日起施行。财政部发布的《国家农业综合开发资金和项目管理办法》（财政部令第 29 号）和《财政部关于修改〈国家农业综合开发资金和项目管理办法〉的决定》（财政部令第 60 号）同时废止。

# 附　录

## 农业综合开发财政资金违规违纪行为处理办法

### 财政部关于印发《农业综合开发财政资金
### 违规违纪行为处理办法》的通知
### 财发〔2011〕7号

各省、自治区、直辖市、计划单列市财政厅（局）、农业综合开发办公室（局），新疆生产建设兵团财务局、农业综合开发办公室，国土资源部、水利部、农业部、林业局、供销总社农发机构：

为进一步完善农业综合开发资金管理制度，财政部对2005年12月14日印发的《农业综合开发财政资金违规违纪行为处理暂行办法》（财发〔2005〕68号）进行了修订，现将修订后的《农业综合开发财政资金违规违纪行为处理办法》印发给你们，请遵照执行。执行中有何问题，请及时向财政部（国家农业综合开发办公室）反馈。

待农业综合开发财政有偿资金全部回收后，《农业综合开发财政资金违规违纪行为处理办法》第九条、第十条自行废止。

财政部

二〇一一年三月十七日

第一条  为进一步强化农业综合开发财政资金（以下简称财政资金）管理，提高资金使用效益，根据《财政违法行为处罚处分条例》、《国家农业综合开发资金和项目管理办法》以及其他有关政策规定，制定本办法。

第二条  本办法所称农业综合开发财政资金违规违纪行为（以下简称违规违纪行为），是指地方各级财政部门在开展农业综合开发工作过程中，违反国家有关财政法律、法规、规章以及国家农业综合开发资金管理制度的行为。

第三条  对于发生违规违纪行为的财政部门，由上级主管部门按照管理权限，根据权责统一、分级管理的原则，依照本办法处理。有财政违法行为的，按照《财政违法行为处罚处分条例》进行处理、处罚、处分。

第四条  违规违纪行为一经发现，应及时制止、纠正，并根据事实和情节轻重，分别给予扣减下一年度财政资金指标、不予安排新增资金、调减现有投入规模、暂停农业综合开发县（市、区、旗、农场、牧场、团，以下简称开发县）资格直至取消开发县资格等处理。

暂停或取消开发县资格的，按照《国家农业综合开发县管理办法》有关规定执行。

第五条  年度项目实施计划经批复后，未按规定程序报批对项目计划进行调整、变更或终止的，按调整、变更或终止项目涉及财政资金数额的百分之十以上百分之五十以下扣减下一年度财政资金指标；情节较重的，不予安排新增资金或调减现有投入规模。

第六条  项目建设期内，地方财政配套资金未按批复计划足额落实的，按未配套资金数额的百分之十以上百分之五十以下扣减下一年度财政资金指标；情节较重的，不予安排新增资金或调减现有投入规模。

第七条　挤占、挪用财政资金的，按挤占、挪用财政资金数额的一至三倍扣减下一年度财政资金指标；情节较重的，不予安排新增资金或调减现有投入规模。

第八条　滞留财政资金，其中超过资金拨付时限不足半年的，按滞留资金数额的百分之十以上百分之三十以下扣减下一年度财政资金指标；超过资金拨付时限半年以上的，按滞留资金数额的百分之五十扣减下一年度财政资金指标。

第九条　无正当理由未能按期足额归还上级财政有偿资金的，按未归还资金数额的百分之十以上百分之五十以下扣减下一年度财政资金指标。

第十条　用当期项目财政资金抵顶到期应归还上级财政有偿资金的，按抵顶资金数额的百分之十以上百分之五十以下扣减下一年度财政资金指标；情节较重的，不予安排新增资金或调减现有投入规模。

第十一条　将无偿使用的财政资金变为有偿使用的，按违规违纪资金数额的百分之十以上百分之五十以下扣减下一年度财政资金指标。

第十二条　扩大财政资金开支范围、提高开支标准的，按违规违纪资金数额的百分之十以上百分之五十以下扣减下一年度财政资金指标；情节较重的，不予安排新增资金或调减现有投入规模。

第十三条　违反国家农业综合开发资金和项目管理规定，多结工程价款，虚列投资完成额，或者以虚假的经济业务事项、资料进行会计核算的，按违规违纪资金数额的一至三倍扣减下一年度财政资金指标；情节较重的，不予安排新增资金或调减现有投入规模。

**第十四条** 因审核、监管不力，致使项目单位套（骗）取或挤占挪用财政资金的，按违规违纪资金数额的一至三倍扣减下一年度财政资金指标；情节较重的，不予安排新增资金或调减现有投入规模。

**第十五条** 财政资金报账支出以现金支付、使用不合格发票或者白条入账的，按违规违纪资金数额的百分之十以上百分之五十以下扣减下一年度财政资金指标；情节较重的，不予安排新增资金或调减现有投入规模。

**第十六条** 至检查或验收时，违规违纪行为已经得到纠正的，可以从轻处理。

**第十七条** 违规违纪行为经查证后，被检查单位必须按有关规定，对存在的问题进行认真整改，并及时向上级主管部门报送整改报告，同时附报整改的相关原始凭证复印件。

被检查单位未能按期对存在问题进行整改的，对其违规违纪行为从重处理。

**第十八条** 国家农业综合开发办公室组织开展的综合检查、专项检查以及其他形式的检查当中，发现被检查市、县级财政部门存在违规违纪行为，或未能按期整改，且上级主管部门未做出相应处理的，除由其上级主管部门依照本办法处理外，还应根据事实和情节轻重，按照违规违纪资金数额的一至三倍扣减所在省（自治区、直辖市、计划单列市，以下简称省）下一年度中央财政资金指标。

**第十九条** 在审计等部门或其他监督检查机构开展的农业综合开发资金审计、检查过程中，发现市、县级财政部门存在弄虚作假套（骗）取、挤占挪用财政资金等严重违规违纪行为，或违规违纪行为在社会上造成恶劣影响的，除由其上级主管部门依照本办法处理外，还应根据事实和情节轻重，按照违规违纪资金数额的一至三倍扣减所在省下一年度中央财政资金指标。

第二十条 对依法组织的检查，被检查单位应当给予配合，如实反映情况，及时提供有关资料，不得拒绝、阻挠、拖延。

被检查单位违反前款规定的，对检查出的违规违纪行为从重处理。

第二十一条 对违规违纪行为进行处理，应将处理结果以正式文件的形式告知被处理单位，并在一定范围内进行通报。

第二十二条 本办法所称资金数额"以上"、"以下"均包含本数。

第二十三条 省级财政部门可根据本办法，制定具体实施办法，并报财政部备案。

第二十四条 新疆生产建设兵团、黑龙江省农垦总局、广东省农垦总局，以及农业综合开发办事机构未设置在财政部门的，对违规违纪行为的处理比照本办法执行。

第二十五条 本办法自 2011 年 4 月 1 日起执行，2005 年 12 月 14 日印发的《农业综合开发财政资金违规违纪行为处理暂行办法》（财发〔2005〕68 号）同时废止。

# 农业综合开发推进农业适度
# 规模经营的指导意见

### 财政部关于印发《农业综合开发推进农业适度
### 规模经营的指导意见》的通知
### 财发〔2015〕12 号

各省、自治区、直辖市、计划单列市财政厅（局）、农业
综合开发办公室（局），新疆生产建设兵团财务局、农业
综合开发办公室，国土资源部、水利部、农业部、林业
局、供销总社农发机构：

现将《农业综合开发推进农业适度规模经营的指导
意见》印发给你们，请遵照执行。执行中有何问题，请
及时向财政部（国家农业综合开发办公室）反馈。

财政部

2015 年 6 月 2 日

为了贯彻中央农村工作会议精神和《中共中央办公厅国务院
办公厅关于引导农村土地经营权有序流转发展农业适度规模经营
的意见》（中办发〔2014〕61 号），加快构建新型农业经营体系，
推进现代农业发展，现就农业综合开发推进农业适度规模经营提
出如下意见。

一、指导思想和基本原则

（一）指导思想。全面理解、准确把握中央关于发展农业适

度规模经营的精神，按照加快构建现代农业经营体系、走中国特色新型农业现代化道路的要求，以保障国家粮食安全、促进农业增效和农民增收为目标，以连片治理土地为基础、扶持新型农业经营主体为抓手、提高社会化服务为支撑，发展多种形式的适度规模经营，引导农业集约化、专业化、组织化、社会化发展，推动一二三产业融合互动，不断提高劳动生产率、土地产出率和资源利用率，推动农业发展方式转变和农业现代化进程。

（二）基本原则

——因地制宜，试点探索。一切从实际出发，合理确定经营规模，不贪大求全。以家庭承包经营为基础，推进家庭经营、集体经营、合作经营、企业经营等多种经营方式共同发展，鼓励多种形式的试点探索。

——正确引导，农地农用。通过政策引导和项目约束，确保适度规模经营不改变土地用途、不损害农民权益、不破坏农业综合生产能力和农业生态环境，重点支持发展粮、棉、油、糖等重要农产品规模化生产。

——发挥优势，综合开发。立足农业综合开发职能，找准推进适度规模经营的着力点和结合点。发挥综合开发的优势，田水路林山综合治理，农工贸、产加销一体化经营，一二三产业联合开发，积极探索发展适度规模经营的有效途径。

——创新驱动、注重实效。破除体制机制障碍，发挥财政资金的引导和杠杆作用，通过贷款贴息、先建后补、股权投资等措施，带动金融和社会资本投入农业适度规模经营。创新项目扶持方式，探索民办公助等管理模式，调动项目主体建设、管护的积极性。

二、以建设高标准农田为载体推进适度规模经营

（三）集中连片规模推进高标准农田建设。在今后相当长时间内，家庭承包、分散经营仍将是我国农业生产的主要方式，要继续重视和扶持普通农户发展农业生产。以乡、村、组为单位，按照集中连片、规模开发和缺什么补什么的原则，合理规划高标准农田项目区，加强农业基础设施建设，显著改善农业生产条件，使地平整、田肥沃、渠相通、路相连，为促进土地经营权有序流转，实现统一农机化作业、推广良种良法、生产管理以及产品销售创造条件。

（四）加大对新型农业经营主体建设高标准农田的支持力度。农民合作社、家庭农场、专业大户、龙头企业等新型农业经营主体是引领适度规模经营、发展现代农业的有生力量，要充分发挥其在高标准农田建设中的作用。试点阶段，主要选择高标准农田建设年度项目区域范围内的新型农业经营主体进行扶持，对个别流转耕地面积较大的，也可以在项目区域范围以外单独立项扶持。降低合作社等申报主体成立时间和单个项目治理面积等"门槛"，简化项目申报程序；探索先建后补、以奖代补等多种扶持方式；对符合条件的新型农业经营主体，可按照谁申报、谁实施、谁管护的原则，将项目建设和管护权一并移交；扩大资金使用范围，财政资金除用于水电路等基础设施建设外，还可对育秧设施、粮食晾晒烘干设备、仓储物流、农机具库棚等配套设施进行适当补助；放宽具体措施投入比例限制，可以按照缺什么补什么原则，对农、林、水、电、路以及相关配套基础设施中的某些环节或单项措施进行扶持。

（五）建立财政补助形成资产交由新型农业经营主体持有管护新机制。继续开展高标准农田建设财政补助形成资产交由农民合

作社特别是土地股份合作社等新型农业经营主体持有和管护试点，扩大试点范围，跟踪试点成效，及时总结经验。建立依托新型农业经营主体推进高标准农田建设、使用、管护一体化的新机制，保证农业综合开发建设成果长期发挥效益。

（六）吸引金融资本投入高标准农田建设。鼓励农垦集团、龙头企业等法人实体以及农民合作社、家庭农场、专业大户等新型农业经营主体，通过贷款、融资担保等方式获取资金开展高标准农田建设，发展生产技术先进、经营规模适度、市场竞争力强、生态环境可持续的现代农业。对用于高标准农田建设的贷款，中央财政予以贴息。拓宽融资渠道，除政策性银行外，把商业银行、农村信用社等金融机构贷款也纳入贴息范围。允许采取银行贷款、财政补助、自筹资金"三位一体"、贷补结合方式，吸引金融资金投入高标准农田建设，进一步加快建设进度。

（七）发挥部门项目行业优势和示范作用。把部门项目纳入到农业综合开发全局和各部门工作大局中统筹考虑，推进部门项目与地方组织实施项目有机结合，提高整体建设水平。加强中型灌区节水配套改造项目建设，力争实现与高标准农田建设同步规划设计、同步建设实施、同步发挥效益。进一步调整部门项目扶持重点，优化支出结构，更好地发挥示范引导作用。

三、以农业产业化经营为抓手推进适度规模经营

（八）延伸产业链条。农业产业化源头是农户、终端是市场，完整的产业链条能及时传导市场信息，带动农户规模化生产适销对路的农产品。继续完善产业化经营项目财政补助和贷款贴息政策，通过对农产品生产基地、产地初加工、精深加工、流通服务

体系等环节的扶持，形成全产业链生产，让农民和新型农业经营主体放心发展规模化、标准化、专业化生产基地。支持龙头企业与合作社、农民建立紧密的利益联结机制，实现合理分工，让农民从产业链增值中获取更多利益。

（九）完善扶持政策。放宽立项门槛，将在工商部门注册登记的种养大户、家庭农场、农业社会化服务组织纳入扶持范围，实现对新型农业经营主体的全覆盖。合理引导工商企业到农村发展良种种苗繁育、高标准设施农业、规模化养殖等适合企业化经营的现代种养业。支持龙头企业采取订单农业、"企业+合作社"、"企业+农户"等模式，带动农户发展规模化生产。引导加工、流通领域龙头企业向产业园区集中，以产业基地（园区）为平台，提高产业集中度和企业集聚度。

（十）探索产业化资金投入新机制。探索利用股权投资基金、股权引导基金等方式，引导社会资本投入农业综合开发，共同扶持壮大农业产业化龙头企业。加大贷款贴息扶持力度，撬动更多金融资本投入农业产业化发展。扩大产业化经营项目"先建后补"试点省份，探索财政资金扶持农业产业化发展的有效模式。

（十一）推进两类项目有机结合试点工作。按照"依托龙头建基地、围绕基地扶龙头"的要求，推动土地治理和产业化经营两类项目有机结合，将两类项目统筹规划、合理布局、组合实施，最大限度发挥农业综合开发资金的集成和示范效应，着力打造区域农业优势特色产业集群，提高农业竞争力，明显促进农业增效和农民增收。

四、以完善农业社会化服务为支撑推进适度规模经营

（十二）支持农民合作组织开展社会化服务。发挥农民合作

社、专业技术协会、涉农企业等各类合作组织的作用，支持其为农业生产经营提供低成本、便利化、全方位的服务。鼓励项目区农户组建用水户协会，合理收取水费，为农田灌排用水、设施管护提供低成本、便利化服务。加强部门项目建设，以新型农业经营主体为载体，推动全程社会化服务体系建设，扩大新型农业社会化服务特别是土地托管服务试点项目建设。

（十三）搞好农业科技示范推广服务。支持采用政府购买社会服务方式，在项目区大面积集成推广高产高效、生态安全的品种技术，把科技推广与规模开发更加紧密结合起来，努力把项目区建成现代农业科技示范区。允许新型农业经营主体自主选择科技示范推广依托单位，推动其与大专院校、科研院所直接合作，实现供需对接、"研技推"有机融合的科技推广模式。

（十四）加强农产品市场流通服务体系建设。加大对农产品流通环节扶持力度，支持农业产业化龙头企业发展仓储及冷链物流设施，向乡镇和农村延伸生产营销网络。探索对农产品电子商务的支持政策，支持企业建立电子商务平台及信息化建设。发挥供销社扎根农村、联系农民、点多面广的优势，与农民开展合作式、订单式生产经营服务，搞好产销对接、农社对接，提高服务的规模化水平。

五、有关要求

（十五）加强组织落实。各地区、中央农口部门农发机构要按照本意见要求，结合本地区、本部门实际，研究制定具体工作方案，采取一种或多种形式推进农业适度规模经营。试点中需突破现行政策规定的，需报经国家农业综合开发办公室（以下简称国家农发办）同意后予以实施。

（十六）及时总结经验。要密切关注试点工作开展情况，认真归纳总结推进农业适度规模经营的做法、成效和存在的问题，形成专题报告及时报送国家农发办。国家农发办将通过建立《农业综合开发简报》专刊、《中国农业综合开发》杂志专栏等形式，定期发布各地区工作开展情况。

（十七）强化激励考核。发挥中央财政资金导向作用，把推进农业适度规模经营工作开展情况作为一项重要因素，资金分配向工作积极性高、试点成效明显的地区倾斜，建立正向激励机制；对工作成绩突出的省级农发机构，国家农发办将予以表彰。

# 农业综合开发扶持农业优势特色产业
# 促进农业产业化发展的指导意见

财政部关于印发《农业综合开发扶持农业优势特色产业
促进农业产业化发展的指导意见》的通知

财发〔2015〕42号

各省、自治区、直辖市、计划单列市财政厅（局）、农业
综合开发办公室（局），新疆生产建设兵团财务局、农业
综合开发办公室，农业部（黑龙江省农垦总局、广东省
农垦总局）农业综合开发机构：

现将《农业综合开发扶持农业优势特色产业促进农
业产业化发展的指导意见》印发给你们，请遵照执行。
执行中有何问题，请及时向财政部（国家农业综合开发
办公室）反馈。

财政部

2015 年 11 月 4 日

扶持农业产业化发展，是农业综合开发延长和完善农业产业
链条、推进农业和农村经济结构调整的重要方式。在当前农业生
产成本攀升、资源环境硬约束加剧的新态势下，迫切需要强化农
业综合开发扶持产业化发展的作用，在扶持方式、扶持对象、扶
持方向和扶持环节上开辟新路径、挖掘新潜力，加快转变农业发
展方式，实现农业提质增效、农民持续增收。现就农业综合开发
扶持农业优势特色产业促进农业产业化发展，提出如下意见：

一、指导思想

深入贯彻落实 2015 年中央一号文件和国家农业综合开发联席会议精神，以"优化布局、突出优势、精准扶持、提高效益"为主线，以促进农村一二三产业融合发展、农民持续增收为目标，以打造农业优势特色产业集群为着力点，通过优选产业范围、改进扶持方式、优化管理机制，培育和壮大新型农业经营主体，吸引多元资本扩大投入，推进农业适度规模经营，探索进一步提高农业综合开发扶持产业化发展的有效途径。重点实现"三个转变"。一是扶持定位从项目向产业转变。通过集中投入、合力支持区域优势特色产业，实现节本降耗、提质增效。二是实施主体从单一化向多元化转变。加大对适度规模经营的新型农业经营主体的扶持力度，并推行同一产业多主体共同申报、协同发展机制。三是项目资金从"主导"向"引导"转变。以项目为平台，发挥财政资金的引导和杠杆作用，吸引金融资本和社会资本等其他资金的投入，扩大资金盘面，合力支持和发展优势特色产业。

二、基本原则

（一）找准关键，集中投入。将有限的农业综合开发财政资金集中投入到支持区域农业优势特色产业中，解决项目小而分散、效益不高的问题，充分发挥产业集聚所具有的节约成本、促进创新、刺激经济增长的效应，提高农业综合开发财政资金的使用效率。

（二）立足禀赋，打造优势。充分发挥区域资源禀赋特色，重点发展比较优势突出的特色产业，促进生产要素在空间和产业上的优化配置，提高农业产业专业化程度和产出效率。通过优势特色产业的集聚和提升，将比较优势转化为产业优势、产品优势、竞争优势。

（三）面向市场，提升价值。根据市场需求，优化产业和品种结构，突出品质特色、功能特色、季节特色等，满足市场多样化、优质化、动态化的需求。根据市场变化和发展趋势，对拟扶持的优势特色产业建立动态管理机制，提高产业扶持的精准性。

（四）延伸链条，集约开发。围绕区域优势特色产业，合理确定产业化经营项目扶持主体和内容，着力于产业发展关键环节，延伸特色产业链条和提高产品附加值。优势特色产业集群建设与高标准农田建设的配套衔接，最大限度发挥农业综合开发的集成效应和示范效应，提高优势特色产业综合竞争力。

三、目标任务

从 2016 年开始，农业综合开发产业化经营项目集中支持区域农业优势特色产业。对纳入农业综合开发优先扶持范围的优势特色产业，通过重点扶持、连续扶持，力争用 3 年时间，在各农业综合开发县初步形成 1—2 个优势特色产业，以省为单位各形成 10 个左右、在全国初步形成百个资源比较优势大、产业链条延伸长、一二三产业融合发展、示范带动作用强的区域农业优势特色产业集群，撬动金融资本和社会资本等其他资金投入，推动一批新型农业经营主体发展壮大，显著提升农业综合开发效益和水平，使农业综合开发成为推动农业优势特色产业发展、转变农业发展方式、推动农业现代化建设和促进农民持续增收的重要力量。

四、扶持范围

产业化经营项目所扶持产业以纳入《全国农业综合开发扶持农业优势特色产业规划》（以下简称《规划》）的产业为主。鼓励各省级农发机构在本区域内确定 10 个左右的重点农业优势特色产业。各县级农发机构原则上在本区域农业优势特色产业范围内择优选项。针对本区域范围内的农业优势特色产业，找准产业链条中的关键环节、薄弱环节进行重点扶持、连续扶持，打造完整的产业链条，做大做强区域农业优势特色产业。

五、扶持内容

扶持内容主要围绕完善农业优势特色产业链展开，具体包括：种植业涉及的种苗繁育、标准化种植基地、农产品储藏保鲜、废弃物加工利用等；养殖业涉及的种畜禽（包括水产）繁育、标准化养殖基地、畜禽（包括水产）交易场所、饲草种植、饲料加工、粪污无害化处理、有机肥加工等；加工及流通业涉及的加工基地、原料仓储、成品储藏保鲜、冷链物流、产地批发市场等。同时，鼓励发展"互联网+农业"，积极支持优势特色农产品电子商务平台建设。

六、扶持方式

充分发挥财政资金对金融资本和社会资本的引领和杠杆作用，调整和完善财政资金对农业优势特色产业的扶持方式，逐渐形成以贷款贴息为主、以财政补助为辅、财政股权投资基金等多种形式并存的多元化扶持体系。贷款贴息项目优先扶持实力较强、规模较大、示范带动作用显著的农业产业化龙头企业和农民合作社。财政补助项目优先扶持农民合作社、家庭农场、专业大户及农业社会化服务组织等。鼓励和引导有条件的地区采取财政股权投资基金、贷款项目担保基金等扶持方式，发挥财政资金"四两拨千斤"的作用，撬动更多金融资本和社会资本支持优势特色产业发展。同时，鼓励地方积极探索有利于扩大社会资本投入、壮大优势特色产业集群的其他扶持方式。

七、工作要求

（一）加强组织落实。各省级农发机构可参照国家农发办发布的农业综合开发产业化经营项目申报指南和上一年度项目执行情况，制定符合省情的年度申报指南，明确具体扶持政策。并于国家农发办发布农业综合开发产业化经营项目申报指南之日起一个月内下发至县级农发机构。

（二）注重资金整合。按照"规划先行、加强衔接、统筹安排、突出重点、讲求实效"的原则，统筹相关支农涉农资金，着力整合农发资金和金融资本、社会资本，加强项目间的有机衔接，形成扶持优势特色产业发展的强大合力。

（三）鼓励先行先试。鼓励地方积极探索、创新产业化经营项目扶持方式，撬动金融资本和社会资本，加大投入，提高农发资金使用效率，实现农发资金与金融资本、社会资本的有效配合和良性互动。鼓励有条件的地方进行先行先试，报经国家农发办同意后予以实施。

（四）及时总结完善。各地要进一步加强调查研究，及时掌握和跟踪优势特色产业发展和项目运行情况，不断总结经验，针对存在问题，适时完善相关政策措施，确保农业综合开发扶持优势特色产业取得预期成效。国家农发办将各省份扶持农业优势特色产业工作开展情况，纳入省级农发机构管理工作综合考核范围予以考核。对工作积极性高、优势特色产业发展成效明显的省份，在下一规划周期的资金分配中予以倾斜。

## 关于发挥乡镇财政监管优势 进一步加强
## 农业综合开发资金和项目管理的通知

国农办〔2011〕126号

各省、自治区、直辖市、计划单列市财政厅（局）、农业综合开发办公室（局）：

为贯彻落实财政部《关于切实加强乡镇财政资金监管工作的指导意见》（财预〔2010〕33号），推进财政科学化精细化管理，充分发挥乡镇财政监管优势，提高农业综合开发资金使用效益，现就加强乡镇财政对农业综合开发资金和项目监管的有关要求通知如下：

一、提高对乡镇财政监管农业综合开发资金和项目重要性的认识。加强乡镇财政资金监管是推进财政科学化精细化管理的重要举措，是加强财政"两基"建设的重要内容，是落实中央各项惠农政策的重要保障。各级财政部门（农业综合开发机构）要进一步提高认识，充分发挥乡镇财政情况熟悉、就地监管、随时监管的优势，切实采取有效措施，将加强乡镇财政对农业综合开发资金和项目监管工作做实、做细，抓出成效。

二、建立信息通达工作机制。县级财政部门（农业综合开发机构）要认真做好与乡镇财政之间的信息沟通传递工作，把上级财政部门（农业综合开发机构）下发的有关政策、资金和项目管理制度、项目计划批复等及时下发、抄送乡镇财政，确保其有效开展监管工作。

三、实行乡镇财政对农业综合开发资金和项目的全程监管。县级财政部门（农业综合开发机构）要明确乡镇财政对农业综合开发资金和项目的具体监管范围，量化、细化监管任务和责任。一是严把项目申报关，乡镇财政要对项目申报的真实性、可行性进行实地察看，并向县级财政部门（农业综合开发机构）提出意见建议。二是加强对项目实施的监督检查，实地检查项目的开工建设和进展情况，并及时向县级财政部门（农业综合开发机构）反馈。三是根据县级财政部门委托，检查项目资金使用情况，做好项目资金报账凭证的审核工作。四是协助做好项目评估验收和档案管理工作，提出项目运转和维护管理的建议。五是开展项目跟踪问效，适时评估建成项目的运行效果，并向县级财政部门（农业综合开发机构）报告。

四、加强对乡镇财政监管工作的督促检查。省、市、县级财政部门（农业综合开发机构）要加强对乡镇财政开展农业综合开发资金项目监管工作的管理和检查，及时发现、研究和解决监管工作中存在的问题。建立监管工作日常考核制度和激励约束机制，确保资金和项目监管的有关要求落到实处。

各地要认真总结乡镇财政对农业综合开发资金和项目监管的做法和经验，不断完善相关措施办法，并将有关情况及时报送国家农业综合开发办公室。

国家农业综合开发办公室
二〇一一年五月十九日

# 国家农业综合开发部门项目管理办法

国家农业综合开发办公室关于印发
《国家农业综合开发部门项目管理办法》的通知
国农办〔2011〕169 号

各省、自治区、直辖市、计划单列市财政厅（局）、农业综合开发办公室（局），新疆生产建设兵团财务局、农业综合开发办公室，国土资源部、水利部、农业部、林业局、供销总社农业综合开发机构：

为了进一步加强和规范农业综合开发部门项目管理，国家农业综合开发办公室在充分征求国土资源部、水利部、农业部、林业局、供销总社和地方农业综合开发机构意见的基础上，对 2005 年 3 月 11 日印发的《国家农业综合开发部门项目管理办法》（国农办〔2005〕30 号）进行了修订，现印发给你们，请遵照执行。在执行中有何问题和意见，请及时向国家农业综合开发办公室反馈。

国家农业综合开发办公室
二〇一一年六月二十一日

# 第一章 总 则

**第一条** 为了促进国家农业综合开发部门项目（以下简称部门项目）管理科学化、制度化、规范化，保证资金安全运行和有效使用，根据《国家农业综合开发资金和项目管理办法》（财政部令第 60 号）等规定，结合部门项目特点，制定本办法。

**第二条** 本办法所称部门项目是指为了发挥部门行业技术优势，为农业综合开发项目区提供示范、服务、保障作用，经国家农业综合开发办公室（以下简称国家农发办）批准，由国土资源部、水利部、农业部、林业局、供销总社（以下简称中央农口部门）组织实施、地方农业综合开发机构（以下简称农发机构。未设在财政部门的，为农发机构和财政部门，下同）参与管理的农业综合开发项目。

**第三条** 部门项目是国家农业综合开发的有机组成部分，应遵循国家农业综合开发的指导思想和方针政策，与国家农业综合开发地方项目相互配合、协调发展。

**第四条** 部门项目分为两类：

（一）土地治理类项目，主要是为提高大宗农产品生产能力、改善农业生态环境而实施的项目，包括国土资源部组织实施的土地复垦，水利部组织实施的中型灌区节水配套改造、水土保持，农业部组织实施的良种繁育，林业局组织实施的林业生态示范。

（二）产业化经营类项目，包括农业部组织实施的优势特色示范，林业局组织实施的名优经济林等示范，供销总社组织实施的新型合作示范。

第五条　部门项目应坚持的原则：统筹规划，突出重点，注重效益；择优选项，奖优罚劣，激励竞争；以资金投入控制项目规模，按项目管理资金，并实行自下而上联合申报项目。

土地治理类项目应突出公益性、基础性、保障性。

产业化经营类项目应体现公平性、示范性、引导性。

第六条　地方各级农口部门应与同级农发机构建立各负其责、互相配合的合作机制，共同做好部门项目和资金管理工作。农口部门以组织项目实施为主，应与农发机构主动沟通协调；农发机构以资金管理为主，应把部门项目管理作为农业综合开发工作的组成部分，主动配合和参与。

# 第二章　扶持重点

第七条　部门项目主要扶持农业主产区，重点扶持粮食主产区、水资源短缺地区和生态脆弱地区。根据各类项目的特点，确定各自的重点扶持区域。项目原则上安排在国家农业综合开发县（市、区、旗、国有农牧团场）或事先确定的范围。

第八条　中型灌区节水配套改造项目：通过对灌溉面积五万至三十万亩的中型灌区灌排骨干工程进行配套完善和节水改造，为农业综合开发改造中低产田、建设高标准农田提供灌排骨干工程条件。基本立项条件是：灌区骨干工程设施老化失修，功能不能正常发挥，是当地农业综合开发改造中低产田、建设高标准农田的主要制约因素。

水土保持、林业生态示范和土地复垦项目：分别通过治理水土流失，增加林草植被和防治土地荒漠化，复垦历史遗留损毁和自然灾害损毁土地，保护和改善生态环境，为农业综合开发提供生态保障。基本立项条件是：与农业综合开发项目区联系紧密，治理区面积相对集中连片，具有一定开发治理条件，对改善农业生产条件和生态环境具有明显的效果；年度单个项目治理面积水土保持、林业生态示范分别在三千亩以上，土地复垦一千亩以上。

良种繁育项目：通过良种繁育体系建设，为种植业提供优质良种。基本立项条件是：能在较大范围内增产且改善农产品品质效果明显，名优新品种具有明显的区域特征和良好的市场前景；项目建设单位具有较强的技术力量，拥有拟繁育推广品种的自主知识产权或生产经营权，有相应的新品种开发潜力或品种资源保护与利用能力，有良种育繁推一体化的经营机制；良种繁育推广的主要农作物、牧草等新品种，应经国家级或省级品种审定委员会审定通过，引进品种应经相关部门审批通过。

**第九条** 优势特色示范项目：重点扶持秸秆养畜示范基地、水产及畜禽良种繁育基地建设。名优经济林等示范项目：重点扶持油茶、核桃等名特优新经济林和花卉品种引进、繁育和示范推广。基本立项条件是：有明显的资源优势和特色，开发的产品应有较高的科技含量和良好的市场前景；经济效益显著，示范带动作用明显，有利于形成区域主导产业和增加农民收入；项目建设单位有较强的技术力量、承建能力和适应市场经济的经营管理机制，具有独立的法人资格。

新型合作示范项目：通过产业化经营项目建设，提高农民组织化程度，探索完善产销对接等农业产业化经营新模式。基本立项条件是：有明显的资源优势和特色，开发的产品应有较高的科技含量和良好的市场前景；经济效益显著，示范带动作用明显，有利于形成区域优势特色产业和增加农民收入；项目建设单位具有独立的法人资格，有较强的技术力量、承建能力和适应市场经济的经营管理机制。

# 第三章　资金管理

**第十条**　用于部门项目的资金由中央财政资金，地方财政配套资金、自筹资金和其它资金构成。

**第十一条**　中央财政资金根据财力可能和客观需要确定，并与各部门和地区项目管理工作绩效挂钩，向工作成效好的部门和地区倾斜。

用于部门项目的中央财政资金全部无偿投入。

**第十二条**　部门项目应按中央财政资金投入的一定比例落实地方财政配套资金和自筹资金。地方财政配套资金和自筹资金比例，按照财政部规定的比例执行。

地方各级财政部门应将财政配套资金列入同级财政年度预算，保证足额落实。

**第十三条**　土地治理项目财政资金使用范围：

（一）中型灌区节水配套改造：干支渠（沟）道开挖疏浚；干支渠道衬砌防渗；干支渠（沟）系建筑物（农桥、涵洞、水闸、渡槽、倒虹吸管、隧洞等）配套完善和更新改造；输水管道、暗渠建设及节水设备购置；水源及渠首工程改建、维修及加固；泵站（总装机容量五千千瓦以内）及配套输变电工程（电压等级三十五千伏以内）新建、改造；工程管护设施及量水设施、施工临时工程设施等。

（二）水土保持：坡地及沟道整治、土壤改良、保土耕作、封禁治理及田间道路、拦引蓄灌排等小型水利水保工程所需的材料、设备、机械施工补助及技工工资；营造水土保持林草、经济林所需的种子、苗木、整地、定植及幼林管护费；科技推广、技术培训、效益监测及小型仪器设备购置费用等。

（三）土地复垦：土地整治、土壤改良和污染土地修复；修建排灌蓄水工程等所需的材料、设备、机械施工费用及技工工资；营造农田防护林和经济林所需的苗木、整地、定植；科技推广、技术培训，小型仪器设备购置和农用机械及其配套机具购置补助等费用。

（四）林业生态示范：营造水源涵养林、水土保持林、防风固沙林、农田防护林所需的种子、苗木、整地、定植、封育、低效林改造；科技推广、技术培训及小型仪器设备购置等费用。

（五）良种繁育：种植业良种扩繁、加工、贮藏、检验、育种必备的仓库、晒场、温（网）室大棚、处理车间、厂房等生产性基础设施及相关仪器设备；土地平整、土壤改良、田间道路、机井、蓄水积肥池、灌排设施设备；输变电设备及线路、场区道路、地中衡、土建工程等生产性辅助设备、农业机具等；技术推广、技术培训、原种及原原种提纯和扩繁补助、新品种引进补助等费用。

**第十四条** 产业化经营项目财政资金使用范围：

种植业项目所需的基础设施建设及设备购置，包括温室大棚、工作室、土地平整、土壤改良、灌排及十千伏以内输变电设施、田间道路，种苗补助、检验检测设备等；养殖业项目所需的基础设施建设及设备购置，包括养殖与孵化设施、秸秆处理设施设备、厂房、畜禽棚舍、运动场、库房、鱼池、工作室、场区道路、围墙、输变电设备及线路、排灌设施、粪污处理、品种改良、质量检测及防疫设施等；加工类项目所需的生产车间、加工设备及配套的供水、供电、道路设施，质量检验设施，废弃物处理等环保设施，卫生防疫及动植物检疫设施等；流通类项目所需的市场信息平台设施，交易场所、仓储、保鲜冷藏设施，产品质量检测设施，卫生防疫与动植物检疫设施，废弃物配套处理设施等。

技术推广、技术培训及新品种、新技术引进补助等费用。

第十五条　土地治理类项目所需的项目管理费、工程监理费、勘察设计费、工程管护费等支出，产业化经营类项目所需的项目可行性研究、初步设计（或实施方案）、环境评估等支出，按照财政部有关规定执行。中型灌区节水配套改造项目列支的相关费用另行规定。

第十六条　部门项目财政资金应严格按照农业综合开发财务、会计制度进行管理，执行县级报账制的有关规定，实行专人管理、分账核算、专款专用，及时足额支付，按规定范围使用，严禁挤占挪用。

第十七条　各级财政部门、农口部门应加强项目资金使用的监督管理，发挥审计部门与社会中介机构的作用，对项目建设资金拨借、使用和配套资金落实情况进行检查和审计。

第十八条　挤占、挪用农业综合开发资金，或者虚报农业综合开发项目的，根据《财政违法行为处罚处分条例》及其它有关规定进行处理；对有偿资金未按期足额归还的，相应减少下年投资。

# 第四章　项目管理

第十九条　中央农口部门应依据国家农业综合开发政策和行业发展规划，制定部门项目建设规划和阶段性实施方案，并在此基础上做好项目申报前的准备工作。

第二十条　中央农口部门应于每年上半年，通过发布下一年度项目申报指南以及推行项目招商或项目招投标等多种形式，在较大范围内择优选项。

第二十一条　申报部门项目应提交可行性研究报告。可行性研究报告的格式与内容，由中央农口部门参照国家农发办关于编制地方农业综合开发项目可行性研究报告的要求确定。

**第二十二条** 部门项目由基层农口部门会同同级财政部门逐级向上申报。省级农口部门会同同级财政部门对项目可行性研究报告初审后，按申报要求和超过当年投资规模的一定比例，于项目实施年度上一年6月底前联合向中央农口部门申报项目可行性研究报告（属国家农发办评估审定的项目，其可行性研究报告应同时报国家农发办）。

未按要求进行联合申报或越级申报的项目，不予立项。

**第二十三条** 中型灌区节水配套改造、中央财政年度投资500万元（含）以上的土地治理项目和中央财政年度投资300万元（含）以上的产业化经营项目，由国家农发办评估审定；低于以上额度的项目由中央农口部门评估审定。国家农发办对中央农口部门项目评估审定工作进行指导、监督和检查。

项目评估应建立责任制，明确专业评估人员的评估责任。评估人员应对评估项目的技术可行性、经济合理性等作出客观真实的评价。因评估结论失实影响项目正确决策的，评估人员及其所属评估机构应承担相应责任。

**第二十四条** 中央农口部门应按照超过国家农发办当年下达的投资控制指标的一定比例，提前选好下年度拟扶持的备选项目。待国家农发办正式下达下一年度的部门项目投资控制总指标后，从备选项目中择优选项，并经与国家农发办事先协商在20个工作日内正式报国家农发办，同时附报项目评估审定情况。

对经评估审定可行、拟纳入扶持计划的项目，由国家农发办在中央农口部门上报备选项目后20个工作日内下达分省分项目投资控制指标，中央农口部门下发编报项目实施计划的通知。

**第二十五条** 部门项目计划实行自下而上编报。地方农口部门应依据项目计划编报要求和中央财政资金分省分项目投资控制指标，会同同级财政部门逐级编报、汇总年度项目实施计划。省级农口部门应在中央财政分省分项目投资控制指标下达后 2 个月内会同省级财政部门将年度项目实施计划报送中央农口部门。同时附送省级财政部门出具的地方财政配套资金和中央财政有偿资金偿还的承诺文件。

中央农口部门据此汇总编制年度项目实施计划，于中央财政资金分省分项目投资控制指标下达后 3 个月内报国家农发办批复。中央农口部门依据国家农发办批复的汇总计划批复项目分省计划，并报国家农发办备案，同时抄送省级财政部门。

**第二十六条** 年度项目实施计划一经批复，应严格执行。如因特殊情况，确需调整、变更和终止的，应按国家农发办规定履行报批手续。

**第二十七条** 各级农口部门应加强项目实施监督管理，建立健全项目管理责任制。项目建设单位应由专人负责工程建设管理，严把工程质量关。应积极推行项目法人制、招投标制、资金和项目公示制。

中央农口部门应在每年 3 月底前向国家农发办报送上年度项目实施计划完成情况统计表。

**第二十八条** 已竣工的部门项目以中央农口部门组织验收为主。某些项目由国家农发办委托省级农发办事机构进行验收。部门项目验收应吸收地方财政部门参与。

基层农口部门、财政部门和项目实施单位应做好部门项目竣工验收前的准备工作，由上一级农口部门会同同级财政部门进行督查。

**第二十九条** 国家农发办对部门竣工验收项目每三年进行一次考评。中央农口部门在对竣工项目组织验收的基础上向国家农发办提交验收考评申请并附验收总结报告。国家农发办按一定比例随机抽样确定考评项目的数量和名单，采取直接组织和委托的方式进行考评。国家农发办对已竣工的部门验收项目考评后，按考评标准作出是否合格的综合评价。

第三十条 部门项目竣工验收后，应明确管护主体，及时办理移交手续。管护主体应建立健全各项运行管护制度，保证项目正常运转，长期发挥效益。基层农口部门和财政部门应加强对财政无偿资金投入形成国有资产的管理。

国家农发办和各级农口部门应做好后期项目监测评价工作，为改进项目管理提供依据。

第三十一条 国家农发办对竣工项目验收考评不合格的中央农口部门予以通报批评，限期整改。在限期内未能认真整改的，国家农发办可以根据情节轻重，不予安排新增资金、调减现有投资规模或者暂停投资。

# 第五章　附　则

第三十二条 中央农口部门可依据本办法制定部门项目管理实施细则，报国家农发办备案。《国家农业综合开发中型灌区节水配套改造项目管理实施办法》由国家农发办会同水利部研究制定。

第三十三条 本办法自颁发之日起施行，《国家农业综合开发部门项目管理试行办法》（国农办〔2000〕125号）、《关于进一步加强农业综合开发部门项目管理工作的通知》（国农办〔2002〕181号）同时废止。

# 附　录

## 国家农业综合开发县管理办法

财政部关于印发《国家农业综合开发县管理办法》的通知
财发〔2015〕44号

各省、自治区、直辖市、计划单列市财政厅（局）、农业综合开发办公室（局），新疆生产建设兵团财务局、农业综合开发办公室，农业部农业综合开发机构：

为适应新形势要求，进一步完善国家农业综合开发县管理，财政部对2011年6月22日发布的《国家农业综合开发县管理办法》（财发〔2011〕25号）进行了修订，现将修订后的《国家农业综合开发县管理办法》印发给你们，请遵照执行。执行中有何问题，请及时向财政部（国家农业综合开发办公室）反馈。

财政部
2015年12月25日

**第一条**　为进一步完善国家农业综合开发县（市、区、旗、农牧团场，以下统称开发县）管理，根据国家关于农业综合开发的有关规定，制定本办法。

第二条 本办法所称开发县是指农牧业资源丰富，耕地（草场）达到一定规模以上，为加强其农业基础设施和生态建设，提高农业综合生产能力，促进农业结构调整和产业发展，经认定纳入国家农业综合开发扶持范围的县。

第三条 开发县管理实行总量控制、分级管理、定期评估、适时退出、违规处罚的方式。

第四条 财政部每3年对开发县管理工作作一次评估，以确保全国开发县总量、布局与中央财政农业综合开发资金规模、资源禀赋分布、开发政策相适应，并依据评估结果下达各省（自治区、直辖市、计划单列市、新疆生产建设兵团、农业部直属垦区，以下统称省）的开发县控制数量。

第五条 省级财政部门在控制数量以内，自行确定具体开发县。农业综合开发项目原则上应安排在开发县。

第六条 新增开发县应当具备下列条件：

（一）耕地资源较充足，平原地区的耕地面积在20万亩以上，丘陵山区的耕地面积在10万亩以上，待开发治理耕地相对集中连片，灌溉水源有保障；牧业县草场面积达到100万亩以上。

（二）种植业、养殖业资源优势明显，新型农业经营主体发展有基础和潜力，开发后能显著提高农业综合效益，增加农民收入。

（三）县级人民政府和有关部门重视开发工作，能够配备适应农业综合开发工作需要的人员和经费；地方财政资金投入有保障；农民群众开发意愿和积极性高。

第七条 对革命老区、民族地区、边疆地区、贫困地区以及垦区予以适当倾斜。对区域内因自然资源条件限制无法纳入开发范围的若干县，可以按地级（市级、师级、农垦总局）为单位整体纳入，视同一个开发县管理。

第八条 省级财政部门应当因地制宜，定期评估现有开发县的开发潜力。已完成开发任务、因城市规划和发展导致土地资源无保障或者缺乏开发积极性的开发县，应适时退出开发县范围。

已完成开发任务或者因城市规划和发展导致土地资源无保障退出的开发县，在满足管理要求的情况下，可继续安排项目支持其产业化发展。

第九条 对存在违规违纪行为的开发县，由上级财政部门责令改正；情节严重的，由财政部予以暂停或取消开发县资格。

被暂停开发县资格的，暂停期限为 1 年。暂停期内，上级财政部门对被暂停县不予安排农业综合开发资金和项目。

被取消开发县资格的，上级财政部门不再安排农业综合开发资金和项目，3 年内不能新增为开发县。

第十条 农业综合开发机构未设置在财政部门的省，由财政部门商农业综合开发机构对开发县进行共同管理。

第十一条 省级财政部门可根据本办法，结合本地区的实际情况，制定实施细则。

第十二条 本办法自 2016 年 2 月 1 日起施行。2011 年 6 月 22 日财政部印发的《国家农业综合开发县管理办法》（财发〔2011〕25 号）同时废止。

# 国家农业综合开发综合检查办法

财政部关于印发《国家农业综合开发综合检查办法》的通知

财发〔2011〕31号

各省、自治区、直辖市、计划单列市财政厅（局）、农业综合开发办公室（局），新疆生产建设兵团财务局、农业综合开发办公室，国土资源部、水利部、农业部、林业局、供销总社农业综合开发机构：

为了规范国家农业综合开发综合检查工作，财政部制定了《国家农业综合开发综合检查办法》，现印发给你们，请遵照执行。执行中有何问题，请及时向财政部（国家农业综合开发办公室）反馈。

财政部

二〇一一年六月二十八日

**第一条** 为了规范国家农业综合开发综合检查（以下简称综合检查）行为，保障综合检查有效实施，根据国务院办公厅转发财政部《关于加强农业综合开发工作的若干意见》（国办发〔2009〕63号）、《财政检查工作办法》（财政部令第32号）和《国家农业综合开发资金和项目管理办法》（财政部令第60号）等有关规定，制定本办法。

**第二条** 综合检查是国家农业综合开发办公室（以下简称国家农发办）每年对省、自治区、直辖市、计划单列市（以下简称省）组织实施的由中央财政资金扶持的农业综合开发竣工项目进行检查和综合评价的活动。

**第三条** 综合检查的依据是：

（一）国家农业综合开发方针政策和规章制度。

（二）项目工程建设标准和相关行业规范。

（三）年度计划批复（备案）文件及调整、变更和终止批复（备案）文件、经批准的初步设计或实施方案（以下简称初步设计）等资料。

（四）项目评审立项的文件。

（五）资金拨付文件、预决算报告及相关会计资料。

**第四条** 对省级农业综合开发工作检查的主要内容包括：

（一）项目评审和立项情况，项目初步设计审批情况。

（二）项目年度实施计划批复、调整、变更和终止情况。

（三）省级财政配套资金落实情况，中央财政资金和省级财政配套资金拨付情况。

（四）资金和项目管理及其内控制度执行情况。

（五）组织开展农业综合开发竣工项目验收工作情况。

**第五条** 对未实行省直管县财政管理方式的市（地区、民族自治州）（以下简称市）级农业综合开发工作检查的主要内容包括：

（一）项目年度实施计划报批情况。

（二）市级财政配套资金落实情况，中央财政、省级和市级财政配套资金拨付情况。

**第六条** 对县级农业综合开发工作检查的主要内容包括：

（一）项目前期准备情况。项目库建立及管理情况；项目初选和申报情况；项目初步设计编审情况。

（二）项目年度实施计划编报、调整、变更和终止情况。

（三）县级财政配套资金落实情况。

（四）自筹资金落实情况。

（五）经批复的项目年度实施计划执行情况。组织实施土地治理项目各项治理措施和产业化经营项目各项建设内容情况；工程建设质量情况。

（六）财政资金支出情况。财政资金按计划使用情况及按工程进度报账情况；项目管理费、科技推广费、工程监理费和工程管护费提取及使用情况。

（七）资金管理情况。财政资金县级报账制度和"专人管理、分账核算、专款专用"实行情况；资金预决算和会计核算情况等。

（八）项目管理制度执行情况。项目招投标制、工程监理制、资金和项目公示制、工程管护制度执行情况；对上级财政部门竣工项目验收提出整改意见的落实情况，国家农业综合开发县（以下简称开发县）年度审计及对存在问题的整改情况。

**第七条** 对产业化经营项目建设单位（指负责实施产业化经营项目的农民专业合作社或龙头企业等）检查的主要内容包括：

（一）产业化经营项目申报单位资质情况，项目申报、实施及其运转情况。

（二）自筹资金到位情况。

（三）基础会计资料归集及管理情况。

**第八条** 国家农发办根据开发县财政资金投资额度、项目种类、历年检查情况等因素，一般按不超过各省开发县总数百分之十的比例确定检查开发县的数量，但不得少于两个。

**第九条** 省级财政部门应当按照国家农发办综合检查通知要求，做好准备工作；需推迟综合检查的，应当提出书面申请，报国家农发办同意。

**第十条** 国家农发办一般在三个工作日前向被检查省级财政部门下达检查通知书，主要内容包括检查起始时间、检查开发县名单、检查组长和检查人员名单及联系方式等。

第十一条　国家农发办采取委托或直接组织的方式进行综合检查。

委托检查方式是由国家农发办委托专门机构组成检查组，独立开展检查工作，国家农发办派联络员协助工作。

直接组织检查方式是由国家农发办组成检查组，成员由财政部门人员及有关专家组成，按要求开展检查工作。

第十二条　检查组可采取听取汇报、查阅资料、抽查项目工程、走访农户、召开座谈会等方式进行综合检查。

检查人员应当运用对照检查的方法，核对资金支出与项目工程建设情况、项目工程规划设计与实际竣工工程情况、项目工程数量与质量情况，以及核对审计机关和其他有关部门查出问题的整改落实等情况，并将主要检查内容与事项予以记录或摘录，编制工作底稿。

必要时，检查组可以对有关问题进行延伸检查。

第十三条　检查组应当采取一定形式，将检查中取得的有关证明材料提请当地财政部门或被检查单位进行确认，未取得确认的应当注明原因。

国家农发办直接组织的检查组应当就检查基本情况、发现的问题和改进意见等事项与被检查省级财政部门交换意见。

第十四条　国家农发办通过专题会议的形式，听取综合检查工作汇报，复核综合检查情况，考评检查组工作，对被检查省的农业综合开发资金和项目管理工作提出综合评议意见。

第十五条　财政部向各省级财政部门通报综合检查情况，对工作取得的成绩给予肯定；对检查发现的问题提出整改要求，并按照有关规定作出处理决定或提出处理意见。

第十六条　国家农发办将综合检查结果作为对有关省级财政

部门农业综合开发管理工作进行绩效考评的一个重要因素，并纳入综合因素法在分配中央财政资金时予以体现。

第十七条 检查组实行组长负责制。检查组长应当按照规范的程序组织开展检查工作，对检查人员的工作质量进行监督，对有关事项进行必要的审查和复核，并对检查结果的真实性负责；检查中遇到重大问题，应当及时报告。

第十八条 检查人员应当忠于职守、依法监督、廉洁自律、保守秘密，公正客观、规范高效地完成综合检查任务。

检查人员与被检查单位或检查事项有直接利害关系的，应当回避。

第十九条 被检查单位应当按检查内容，全面、及时提供有关文件、账表、凭证等档案资料和数据，并对所提供材料、数据的完整性和真实性负责。

第二十条 有下列行为之一的被检查单位和个人，财政部除在法定职权范围内按有关规定作出处理以外，还要向有关机关、机构提出追究责任人员责任的建议：

（一）拒绝、拖延提供情况和资料或者提供虚假情况和资料的；

（二）妨碍综合检查人员行使职权的；

（三）拒不执行整改要求的；

（四）报复检查人员的。

第二十一条 有下列行为之一的检查人员，财政部除在法定职权范围内按有关规定作出处理以外，还要向有关机关、机构提出追究责任人员责任的建议：

（一）弄虚作假，隐瞒事实真相的；

（二）滥用职权，以权谋私的；

（三）玩忽职守，给国家和单位造成重大损失的；

（四）泄漏财政部门秘密或者被检查单位秘密的。

**第二十二条** 对中央有关部门组织实施的农业综合开发项目的综合检查和国家农发办组织的专项检查，参照本办法执行。

**第二十三条** 新疆生产建设兵团、黑龙江省农垦总局、广东省农垦总局，以及农业综合开发机构未设置在财政部门的，开展综合检查比照本办法执行。

**第二十四条** 本办法自 2011 年 8 月 1 日起执行。

# 关于加强和规范农业综合开发项目
# 评审工作的指导意见

国农办〔2017〕3号

各省、自治区、直辖市、计划单列市财政厅（局）、农业综合开发办公室（局），新疆生产建设兵团财务局、农业综合开发办公室，农业部（黑龙江省农垦总局、广东省农垦总局）农业综合开发机构：

项目评审是农业综合开发项目管理的重要环节，是择优选项、科学立项的基础和关键。为进一步加强和规范农业综合开发项目评审工作，根据《国家农业综合开发资金和项目管理办法》（财政部令第84号），国家农业综合开发办公室（以下简称国家农发办）提出以下指导意见。

一、项目评审总体要求

农业综合开发项目评审应以国家农业综合开发政策、制度和相关行业标准为依据，以科学立项为目标，遵循"依法依规、独立评审、客观公正、择优选项"的原则，规范评审程序、创新评审方式、强化评审监督，切实提高项目评审工作水平，确保资金安全有效和项目顺利实施。

二、项目评审组织方式

（一）国家农业综合开发项目由省、自治区、直辖市、计划单列市、新疆生产建设兵团、黑龙江省农垦总局、广东省农垦总局农业综合开发机构（以下统称省级农发机构）负责评审。省级农发机构设立评审机构的，由评审机构统一组织项目评审；未设立评审机构的，应当明确相应处室或专职人员负责组织项目评审工作。

（二）省级农发机构可以根据下级农发机构人员配备、经费保障等情况，结合项目类型特点，在保证评审工作质量的前提下，下放项目评审权限。

（三）省级农发机构可以组织专家或委托具有相应资质的专业机构承担项目评审工作。

三、项目评审主要内容

项目评审内容主要包括项目建设必要性、申报项目合规性、建设方案可行性、投资方案可靠性、效益分析合理性，以及申报材料规范性等方面。

（一）项目建设必要性。申报项目能够合理配置和有效利用资源，促进区域经济与社会发展，符合国家有关法律法规、产业政策和农业综合开发建设目标，当地政府和农民群众积极性高。

（二）申报项目合规性。申报项目符合相关规划、市场准入等条件。土地治理项目应当有明确的区域范围，地块相对集中连片，治理面积符合要求，水源有保障，灌排骨干工程基本具备；产业化发展项目申报单位管理制度和经营机制、财务状况、诚信记录等符合立项规定，项目资源优势突出，区域特色明显，土地流转或项目建设用地手续合法，符合生态环境保护和资源节约利用要求。

（三）建设方案可行性。土地治理项目规划布局合理，建设标准明确，治理措施得当；产业化发展项目技术路线科学，工艺流程可行，设备选型配套，环保节能措施有效。

（四）投资方案可靠性。项目投资估算准确，资金投向合理，资金筹措方案可行。

（五）效益分析合理性。项目建设预期的经济、社会、生态效益分析客观合理。土地治理项目实施后能有效改善生产条件和生态环境；产业化发展项目实施后能明显带动农业增效和农民增收。

（六）申报材料规范性。文本格式规范，内容完整，附件、附表、附图齐全。

四、项目评审主要程序

项目评审主要包括评审准备、实地考察、材料审核、形成结论、意见反馈等程序。实地考察与材料审核互为补充，以保证项目评审结论的客观、真实、准确。

（一）评审准备。确定具体评审标准和指标，选择评审专家或专业机构，制定评审方案，组织培训，强调评审责任与纪律。

（二）实地考察。考察人员对申报项目进行实地查勘，形成实地考察意见。考察重点：拟建项目及申报单位基本情况，建设用地、环境评价等相关手续的真实情况。各地可以根据本地区实际，确定实地考察的组织方式和时间安排。

（三）材料审核。评审专家对项目申报材料独立审阅，经集中讨论后形成材料审核意见。材料审核重点：项目规划布局、建设方案、投资估算、资金筹措、效益分析及申报材料的合规性、可行性、准确性。必要时，可要求项目申报单位针对有关情况进行补充说明。

（四）评审结论。综合实地考察及材料审核意见，形成项目可行或不可行的评审结论，作为项目立项决策的依据。

（五）意见反馈。负责评审的农发机构应当在收到项目申报材料2个月之内完成项目评审工作。项目评审结束后，及时反馈评审结论及相关意见和建议。

贴息项目的审核程序可以适当简化，重点审核扶持范围、贴息年限、贴息金额及原始凭证是否合规、真实、有效。

五、评审专家及专业机构管理

（一）评审专家的选择。承担项目评审任务的农发机构应当建立专家库，评审专家应具备良好的职业道德和较高的业务水平，具有副高级以上专业技术职称或相关执业资格，或从事相关工作满10年。评审专家从专家库中选取，并实行回避制度。

（二）专业机构的确定。各地可以根据实际情况，按照政府采购有关规定选取有资质的专业机构承担项目评审工作。

（三）动态管理。承担项目评审任务的农发机构，应当对评审专家、专业机构的工作水平及质量进行考核，实行动态管理，适时将不适宜继续从事项目评审的专家、机构予以调整。

六、项目评审工作保障

（一）完善评审机制。各级农发机构应当健全项目评审制度，创新评审方式，规范评审流程，提高评审工作水平。

（二）加强队伍建设。各级农发机构应当加强项目评审工作的组织领导，建立结构合理、适应项目评审工作需要的管理队伍，为项目评审工作提供组织保障。

（三）保障工作经费。各级财政部门应当足额安排项目评审经费，保障项目评审工作的正常开展。

七、评审工作指导与监督

（一）国家农发办以健全评审制度、制定评审指标为重点，加强对地方评审工作的指导；采取评审环节参与性检查、评审结果准确性检查等措施，开展对地方评审工作的考核，其结果将作为省级管理工作综合考核的重要内容。

（二）评审权下放的省级农发机构，应当加强对下级农发机构评审工作的指导与监督。

（三）各级农发机构应当畅通申诉、检举、信访等渠道，接受社会对项目评审工作的监督。

八、违规违纪处罚

（一）项目申报单位应对申报材料的真实性负责，提供虚假申报材料的，列入黑名单，五年内不得申报农业综合开发项目。

（二）各级农发机构工作人员在评审过程中，存在干预专家独立评审，发表倾向性意见，隐瞒、篡改评审结论等违规违纪行为的，按照国家有关规定追究相应责任。

（三）各地应加强对评审专家和专业机构的管理，严肃评审纪律，对不履行职责或违反有关规定的评审专家和专业机构，根据情节轻重，予以通报批评、取消评审资格、追究相应责任。

九、其他

（一）省级农发机构应当根据本意见，结合本地区的实际情况，制订具体评审办法，报国家农发办备案。

（二）中央有关部门农业综合开发项目评审工作由主管部门负责组织，参照本意见执行。

（三）国家对涉农资金统筹整合使用另有规定的，依照其规定。

国家农业综合开发办公室

2017 年 1 月 16 日

# 关于规范和加强国家农业综合开发项目
# 竣工验收工作的意见

国农办〔2017〕1号

各省、自治区、直辖市、计划单列市财政厅（局）、农业综合开发办公室（局），新疆生产建设兵团财务局、农业综合开发办公室，水利部、农业部（含黑龙江省农垦总局、广东省农垦总局）、国土资源部、国家林业局、中华全国供销合作总社农业综合开发机构：

项目竣工验收是农业综合开发项目管理的重要环节。做好项目竣工验收工作，有利于进一步完善项目建设管理，有效发挥项目效益，提高农业综合开发资金和项目管理水平。为进一步规范和加强国家农业综合开发项目竣工验收工作，根据《国家农业综合开发资金和项目管理办法》（财政部令第84号）等有关规定，现提出以下意见：

一、总体要求

按照国家农业综合开发政策规定，项目竣工验收工作应以核实项目实施计划完成情况为核心，以核查资金使用和项目建设情况为主线，以查验项目工程质量为重点，构建责任明确、程序规范、标准明细、运行有序的验收管理体系，确保竣工项目发挥效益，不断提高农业综合开发资金和项目管理水平，促进农业综合开发事业持续健康发展。

二、基本原则

验收工作的基本原则是：实事求是、客观公正，分级管理、明确职责，严格标准、规范程序，严肃纪律、奖优罚劣。

三、职责划分

国家农业综合开发办公室（以下简称国家农发办）负责制定项目竣工验收政策制度，指导各省、自治区、直辖市、计划单列市、新疆生产建设兵团、黑龙江省农垦总局和广东省农垦总局（以下统称省）农业综合开发机构（以下简称农发机构）开展项目竣工验收工作，监督检查省级农发机构验收管理工作。省级农发机构负责本地区项目竣工验收监管工作，制定具体验收办法，明确验收工作职责和规程，核查验收工作完成情况及其工作质量。

土地治理项目由省级或者设区的市级农发机构组织验收，产业化发展项目由县级农发机构组织验收，相关农发机构应确保竣工项目验收结果的真实性和准确性。

四、验收范围及内容

验收范围包括当年竣工的国家农业综合开发土地治理项目和产业化发展项目等。验收的主要内容是农业综合开发规章制度执行情况，项目建设内容完成情况，初步设计（实施方案）落实和项目建设质量情况，项目竣工决算编审情况，工程和设施设备运行管理情况，资金到位、拨付和使用情况，自筹资金落实情况，资金决算编审情况，文档管理情况等。

五、验收依据及方法

（一）验收依据是国家农业综合开发政策、制度及省级农发机构制定的实施办法，项目建设标准和相关行业标准，年度项目计划批复文件及工程调整和终止批复文件，经审定（备案）的项目初步设计（实施方案），资金拨付文件等。

（二）验收办法主要包括：听取汇报、查验账册、调阅档案、现场随机核查、测试运行、走访农户、召开座谈会等。应当将资金与项目核查相结合，充分运用现代信息技术和科技手段，提高验收工作质量和效率。

六、验收程序

项目实施单位应于项目建设完工后一个月内，向有关农发机构提出项目验收申请，并按照规定要求收集整理有关资料，做好接受验收的准备工作。负责验收工作的农发机构在接到项目验收申请两个月内完成验收工作。

（一）制定验收方案。明确工作办法和要求，落实验收工作责任。

（二）安排验收人员。验收组长由农发机构指定，成员由农业综合开发工作人员及专家（含社会中介机构人员）等组成。

（三）组织开展验收。实行验收组长负责制，将验收目标任务和工作责任层层分解落实到每一个验收组成员。应将主要验收内容与事项予以记录或摘录，编制验收工作底稿，由被验收单位签字确认。验收组结束实地验收时，就验收的基本情况、发现的主要问题和改进建议等事项与当地交换意见。

（四）督促问题整改。应认真梳理验收中发现的问题，深入分析问题产生的原因，督促项目实施单位等有关方面及时做好整改工作，注重从源头上消除问题产生的隐患，做到严格验收与认真整改相结合。

（五）提交验收报告。验收组现场验收工作结束后，应在规定的期限内（具体期限由省级农发机构自行确定）提交验收报告，报告的主要内容包括：组织开展验收工作情况，项目计划完成和建设质量情况，资金到位和使用情况，管理制度执行情况，发现问题及整改情况，验收意见等。

（六）验收结果运用。有关农发机构按规定对验收组提交的验收报告进行审定，经审定的验收报告是项目竣工的重要文件，验收结论为合格的验收报告是办理项目及其工程交付使用和移交管护的主要依据，是"先建后补"等项目报账支付财政资金的凭据。

七、责任追究

对不按规定要求组织开展验收工作，以及工作中存在滥用职权、以权谋私行为的，各有关农发机构除在法定职权范围内按有关规定作出处理外，还要向有关机关、机构提出追究责任人员责任的建议。

八、其他要求

（一）建立健全制度。各省级农发机构要结合工作实际，建立健全验收工作规章制度，进一步修改完善农业综合开发项目竣工验收办法，制定验收标准，规范验收流程，优化验收方法，创新验收方式，不断提高验收工作管理水平。

（二）切实加强培训。各级农发机构要切实加强验收人员培训工作，系统讲解农业综合开发政策及管理规定，明确提出验收工作各项具体要求。通过培训，不断提高有关人员工作能力，为扎实有效开展验收工作提供有力保障。

（三）严肃工作纪律。各级农发机构要明确验收工作纪律和要求，杜绝验收工作中的各种不正之风。验收组成员不得向有关单位或个人提出与验收工作无关的要求，不得收受可能影响验收工作的礼品、礼金和宴请以及旅游、健身、娱乐等活动安排。验收组成员与被验收单位或验收事项有直接利害关系的，应当回避。

（四）加强工作考核。验收工作开展情况是国家农发办对省级农发机构管理工作综合考核的重要因素之一，并在分配中央财政资金时予以体现。省级农发机构应将验收结果作为对基层农发机构管理工作考核的一个重要依据，加大奖惩力度。

（五）按时报送报告。省级农发机构应于每年1月31日前向国家农发办备案上年验收工作总结报告，主要内容包括：验收工作基本情况和主要做法，项目计划完成情况，资金使用情况，发现问题及整改情况，对验收工作的建议。

中央农口部门组织开展的农业综合开发项目竣工验收工作，参照本意见执行。

国家农业综合开发办公室

2017 年 1 月 11 日

# 财政部关于国家农业综合开发办公室 "双随机一公开" 实施细则的公告

中华人民共和国财政部公告
2016 年第 139 号

**第一条** 为了规范农业综合开发监管行为,全面推行"双随机、一公开"工作,根据《国务院办公厅关于推广随机抽查规范事中事后监管的通知》(国办发〔2015〕58 号)、《国家农业综合开发资金和项目管理办法》(财政部令第 84 号)、《财政检查工作办法》(财政部令第 32 号)、《财政部随机抽查工作细则》(财监〔2016〕38 号)等有关规定,制定本实施细则。

**第二条** 本细则所称"双随机、一公开"工作,是指财政部国家农业综合开发办公室(以下简称国家农发办)依据规章制度组织实施农业综合开发检查时,采取随机抽取检查对象、随机选派执法检查人员并及时公开抽查情况和查处结果的活动。

**第三条** 国家农发办应当明确随机抽查对象。随机抽查对象包括各省、自治区、直辖市、计划单列市、新疆生产建设兵团、黑龙江省农垦总局、广东省农垦总局(以下简称省)的农业综合开发机构(以下简称农发机构)。

**第四条** 国家农发办按照《财政部关于发布随机抽查事项清单的公告》和批准的年度监督检查计划开展"双随机、一公开"工作,坚持健全机制、规范监管、廉洁高效、公开透明的原则。

**第五条** 国家农发办建立执法检查人员名录库,人员以国家农发办在编工作人员为主。

第六条　国家农发办建立健全聘用专业机构和专业人员的人力资源库，根据工作需要，聘请社会中介机构和各省农发机构工作人员辅助开展检查工作。

第七条　国家农发办每年对全国30%以上的省级农发机构开展检查，二至三年为一个检查周期，周期内完成对省级农发机构全面检查。

第八条　国家农发办对省级农发机构开展检查时，根据被检查省农业综合开发县数量、财政资金投入金额、项目类别、历年检查情况等因素，按不超过开发县总数10%的比例随机确定延伸抽查的开发县，最低不少于两个。

第九条　国家农发办对被抽查的县级农发机构资金和项目管理情况进行全面检查。

第十条　国家农发办随机选派检查执法人员以及辅助检查中介机构和专业人员，随机抽取过程可邀请财政部有关司局现场监督。

第十一条　国家农发办按照财政检查工作要求，开展组织检查组、印发检查通知书、复核检查结论、调查重大事项、提出处理意见、下发处理决定等工作。

第十二条　检查组按照《国家农业综合开发监督检查办法》的规定开展检查工作，于检查结束10个工作日内，向国家农发办报送书面检查报告。

第十三条　国家农发办在不涉密的情况下，将检查结果录入财政部监管信息平台，并及时向社会公开。

第十四条　国家农发办对检查中发现的问题，按规定作出处理处罚；对不属于财政部门职权范围的事项，依法依纪移送其他部门处理；处理处罚及移送信息录入监管信息平台。

第十五条　监管信息平台中的抽查结果和处理处罚情况供财

政部各业务司局共享，建立健全市场主体诚信档案、失信联合惩戒和黑名单制度。

**第十六条** 本细则由国家农发办负责解释和修订。各省级农发机构检查工作执行各地"双随机一公开"的有关规定，无相关规定的，可参照本细则。

**第十七条** 本细则自印发之日起执行。

财政部

2016 年 11 月 7 日

# 农业综合开发财务管理办法

关于印发《农业综合开发财务管理办法》的通知

财发〔2018〕2 号

水利部、农业部、林业局、供销合作总社，各省、自治区、直辖市、计划单列市财政厅（局）、农业综合开发办公室（局），新疆生产建设兵团财政局、农业综合开发办公室：

为进一步规范农业综合开发财务管理工作，我部对 2006 年 7 月印发的《农业综合开发财务管理办法》进行了修订，现将修订后的《农业综合开发财务管理办法》印发给你们，请遵照执行。执行中有何问题，请及时反馈财政部国家农业综合开发办公室。

中央财政已经取消农业综合开发有偿资金，我部与各省（区、市）财政部门的有偿资金债务已经基本结清。请有关省（区、市）财政部门在 2018 年 12 月 31 日前将与基层财政部门和项目借款单位的有偿资金债务清理完毕，在此之前，各地可暂时保留有偿资金相关科目进行会计核算。自 2019 年 1 月 1 日起,《农业综合开发财政有偿资金管理办法》(财发〔2008〕4 号)和《农业综合开发财政有偿资金呆账核销和延期还款办法》 (财发〔2008〕61 号)相应废止。

财政部
2018 年 1 月 30 日

# 第一章 总 则

**第一条** 为规范农业综合开发财务行为,提高农业综合开发财务管理水平和资金使用效益,依据《国家农业综合开发资金和项目管理办法》 (财政部令第 84 号) 及相关财务规则,制定本办法。

**第二条** 本办法适用于各级农业综合开发机构(含机构分设地区的财政部门,以下简称农发机构)的农业综合开发财务活动。

**第三条** 农业综合开发财务管理的原则是:以资金投入控制项目规模、按项目管理资金;专人管理、专账核算、专款专用;节约成本、注重绩效、奖优罚劣。

**第四条** 农业综合开发财务管理的主要任务是:建立健全财务管理制度;依法依规筹集和使用农业综合开发资金;加强资金预决算、会计核算和资产管理工作,定期编制财务报告,强化全过程预算绩效管理;加强财务监督检查。

**第五条** 各级农发机构应当设置财务管理岗位,配备具有相应专业能力的人员,做好农业综合开发资金财务管理工作。

## 第二章　资金筹集和计划管理

**第六条**　农业综合开发资金是指为满足农业综合开发项目建设需要筹集和使用的资金，包括财政资金、自筹资金，以及投入项目建设的其他资金。

**第七条**　中央财政与地方财政分别承担农业综合开发支出责任。不同地区中央财政与地方财政投入的分担比例按照有关规定执行。

**第八条**　农业综合开发项目自筹资金的投入政策，由国家农业综合开发办公室根据不同项目类型和扶持对象分别确定。

鼓励土地治理项目所在地的农村集体和农民以筹资投劳的形式进行投入。

**第九条**　农业综合开发项目的资金筹集计划应当纳入年度项目实施计划，按照承担的开发任务、投资标准和投入政策确定，不得留有缺口，不得擅自调整。

## 第三章　资金使用和支出管理

**第十条**　农业综合开发资金必须严格按照《国家农业综合开发资金和项目管理办法》规定的范围使用。

**第十一条**　工程监理费、科技推广费、土地治理项目工程管护费的使用和管理按照农业综合开发的有关规定执行。

**第十二条**　项目管理费具体支出内容包括：县级农发机构开展相关项目管理工作时所发生的差旅费、会议费、培训费、交通费、租赁费、印刷费、项目及工程招标费、信息化建设费、资金和项目公示费、专家咨询费、委托业务费等。项目管理费不得用于人员工资福利、公务招待、因公出国（境）经费以及购置车辆等开支。

**第十三条** 贷款贴息是指对项目实施单位符合条件的贷款利息给予的补贴。农发机构对项目实施单位提交的贷款贴息申报材料审核无误并按照规定程序批复备案后，直接将贴息资金拨付至项目实施单位。

**第十四条** 农业综合开发项目财政资金支付实行县级报账制，按照国库集中支付制度的有关规定执行。县级报账办法另行制定。

**第十五条** 农业综合开发资金支出涉及政府采购的，按照国家有关政府采购的规定执行。

# 第四章　工程成本管理

**第十六条** 县级农发机构对土地治理项目所形成实体工程发生的全部支出应当进行成本核算（实行先建后补的项目除外）。

**第十七条** 农业综合开发工程成本分为农业工程成本、水利工程成本、林业工程成本。

农业工程成本包括土地平整和土壤改良、修建田间道路、种子繁育基地建设、设施农业建设、草场建设等发生的费用；水利工程成本包括修建渠道工程、渠系建筑物工程、水源工程、小型水利水保工程、农田输配电工程等发生的费用；林业工程成本包括封禁治理，营造农田防护林、防风固沙林、水土保持林、水源涵养林、经果林及苗圃建设等发生的费用。

**第十八条** 农业综合开发实体工程建设所发生的费用分为直接费用和间接费用。

直接费用是形成实体工程发生的费用。包括材料费、机械设备费、普工和技工及机械施工费、林木种苗费等。

间接费用是不形成实体工程，但对形成实体工程有紧密联系所必须发生的共同费用。包括土地治理项目可行性研究报告和初步设计（实施方案）编制费、工程监理费、勘察设计费、工程预决算审计费、材料损耗等。

第十九条　县级农发机构应当严格控制土地治理项目工程成本范围，不得将项目实施计划之外的支出，以及与实体工程建设无关的费用计入工程成本。

# 第五章　资产和负债管理

第二十条　资产是指农发机构为实施农业综合开发项目建设所占有或使用的、能以货币计量的经济资源。包括现金、银行存款、零余额账户用款额度、应收款项、财政应返还额度、参股经营投资、预付工程款、材料、在建工程、竣工工程。

第二十一条　农发机构应当建立和健全现金等货币资金的内部管理制度。对工程款项的支付应当实行转账结算，现金收支应当执行《现金管理暂行条例》，严格控制现金结算，严禁白条入账。

第二十二条　参股经营投资是指通过资产运营机构投入到参股经营项目的农业综合开发财政资金。地方农发机构应定期对参股经营项目的运营情况进行跟踪问效。

第二十三条　在建工程是尚未完工、需继续承建的农业综合开发实体项目工程。土地治理项目竣工验收之前发生的与实体项目建设有关的成本和费用应通过在建工程科目核算。

第二十四条　竣工工程是指已经完工、符合项目建设要求并验收合格，但尚未办理资产交付手续的农业综合开发项目工程。已经具备竣工验收条件的项目，应当及时组织验收。

竣工工程验收前，由于质量问题发生的工程修复和返工费用，按有关合同规定办理。竣工工程验收后，在缺陷责任期内发生的工程修复和返工费用，从预留的质量保证金中列支或按合同有关规定办理。

**第二十五条** 土地治理项目完成竣工决算并验收合格后，应当依照《基本建设财务规则》（财政部令第81号）有关资产交付管理的规定及时办理资产交付手续，并明确管护主体。资产交付使用后，应及时将所形成的资产从竣工工程中转出。

**第二十六条** 负债是指农发机构为实施农业综合开发项目而形成的、需要以资产来偿还的债务。包括应付工程款、应付质量保证金和其他应付款。

**第二十七条** 应付质量保证金是指按合同约定预留的，应付给项目施工单位的工程质量保证金。付给项目施工单位的质量保证金按不高于工程价款结算总额的3%预留，待缺陷责任期满后视运行情况及时清理结算。资信好的施工单位可以用银行保函替代工程质量保证金。

采用工程质量保证担保、工程质量保险等其他保证方式的，不得再预留质量保证金。

## 第六章　净资产和结余资金管理

**第二十八条** 净资产是农业综合开发资产扣除负债后的余额。包括竣工工程基金、完工项目结余、未完项目结存、本级参股经营资金、参股经营收益。

**第二十九条** 竣工工程基金是指已竣工但尚未办理资产交付手续的项目工程资金。竣工工程交付使用后，应及时将所形成的净资产从竣工工程基金中转出。

第三十条 完工项目结余是指完工工程在办理竣工决算后的资金结余。属于财政资金形成的完工项目结余，应当按照预算管理制度的有关规定收回同级财政部门统筹使用。

第三十一条 未完项目结存是指农业综合开发当年未完工项目收入与支出冲抵后的结存资金。县级农发机构应当加快项目建设和资金支出进度，减少未完项目结存资金规模。

第三十二条 参股经营收益是指财政资金投入到农业综合开发参股经营项目后形成的国有股权实际取得的收益。地方农发机构负责财政资金国有股权处置的审批，并督促资产运营机构按照国有股权出资比例及时足额收缴财政参股资金形成的国有股权收益。

# 第七章 财务报告和预算绩效管理

第三十三条 农发机构应当定期编制农业综合开发财务报告。财务报告包括资金收支情况表、资产负债表、净资产变动情况表和财务情况说明书等。

第三十四条 财务情况说明书的主要内容应当包括：财政资金和自筹资金的筹措到位情况；资金拨付和使用情况；财产物资的变动情况；参股经营投资的变动及保值增值情况；财政资金结转和结余情况；对本期或下期财务状况发生重大影响的事项；其他需要说明的事项。

第三十五条 各级农发机构应当加强预算绩效管理，依据农业综合开发年度预算、目标任务和有关行业标准等审核设定绩效目标和指标。

各级农发机构应当根据审核设定的绩效目标和指标，组织开展绩效执行监控，并运用科学合理的评价方法，对农业综合开发资金的筹集、使用以及核算的规范性和有效性等开展绩效评价。将绩效执行监控以及绩效评价结果作为分配资金和确定项目的重要参考依据。

# 第八章  财务监督

**第三十六条**  各级农发机构应当加强对农业综合开发资金筹集、管理和使用的监督检查，采取事前、事中、事后相结合，日常监督与专项监督相结合，直接组织或委托第三方的方式进行全过程监督管理。同时，积极配合审计部门、财政部门的审计和监督检查，对发现的问题及时整改。

**第三十七条**  农业综合开发推行资金和项目公示制，应以适当的方式将项目资金的筹集、使用等情况主动向社会公开，自觉接受社会监督。

**第三十八条**  各级农发机构及其工作人员在农业综合开发财务管理工作中，存在违反本办法规定，套取骗取、挤占挪用农业综合开发资金的行为，以及其他滥用职权、玩忽职守、徇私舞弊等违法违纪行为的，依照《中华人民共和国预算法》《中华人民共和国公务员法》《中华人民共和国行政监察法》《财政违法行为处罚处分条例》等国家有关规定追究相应责任；涉嫌犯罪的，依法移送司法机关处理。

# 第九章  附  则

**第三十九条**  各省、自治区、直辖市、计划单列市农发机构可根据本办法规定，结合当地实际情况制定实施细则，报财政部备案，并抄送财政部驻地方财政监察专员办事处。

第四十条　中央有关部门农业综合开发项目财务管理参照本办法执行。

农业综合开发利用国际金融组织和外国政府贷款赠款项目的财务管理工作参照本办法及财政部有关规定执行。

国家对涉农资金统筹整合使用另有规定的，依照其规定。

第四十一条　本办法自发布之日起施行。财政部 2006 年 7 月发布的《农业综合开发财务管理办法》（财发〔2006〕39 号）、2011 年 6 月发布的《农业综合开发土地治理项目工程管护资金会计核算的有关规定》（财发〔2011〕15 号）、2011 年 6 月发布的《农业综合开发县级农发机构项目管理费使用的补充规定》（财发〔2011〕23 号）同时废止。

# 附 录

## 农业综合开发财政资金县级报账实施办法

财政部关于印发《农业综合开发财政资金
县级报账实施办法》的通知
财发〔2011〕22 号

国土资源部、水利部、农业部、林业局、供销总社，各
省、自治区、直辖市、计划单列市财政厅（局）、农业综
合开发办公室（局），新疆生产建设兵团财务局、农业综
合开发办公室：

　　为适应农业综合开发资金和项目管理工作需要，进
一步完善财政资金县级报账管理制度，财政部对 2001 年
6 月 12 日印发的《农业综合开发资金报账实施办法》
（财发〔2001〕11 号）进行了修订，现将修订后的《农
业综合开发财政资金县级报账实施办法》印发给你们，
请遵照执行。执行中有何问题，请及时向财政部（国家
农业综合开发办公室）反馈。

财政部
二〇一一年六月十六日

# 第一章　总　则

**第一条**　为进一步加强农业综合开发资金管理，提高资金使用效益，确保项目工程质量，根据《国家农业综合开发资金和项目管理办法》（财政部令第 60 号）、《农业综合开发财务管理办法》（财发〔2006〕39 号）等有关规定，制定本实施办法。

**第二条**　实行县级报账的资金为各级财政用于经国家农业综合开发办公室批准或备案的农业综合开发项目资金。

## 第二章　报账资金管理

**第三条**　县级财政部门负责报账资金的日常核算和管理，其主要职责是：编制农业综合开发项目资金总预算和总决算，建立农业综合开发报账资金专账，根据批复的项目计划和工程建设进度，对各级财政资金的支付进行核算。

**第四条**　县级农业综合开发机构（含部门项目主管单位，以下简称"农发机构"）应做好报账基础工作，其主要职责是：参与报账凭证的审核，建立土地治理项目工程资金辅助账、审核工程预决算及核算单项工程成本。

**第五条**　产业化经营项目建设单位（指负责实施产业化经营项目的农民专业合作社或龙头企业等）应建立农业综合开发财政补助项目资金辅助备查账。

**第六条**　农业综合开发资金应纳入国库单一账户统一管理，资金支付按照财政国库管理制度有关规定执行，并严格控制现金支出。属于政府采购范围的，应当按照政府采购制度规定执行。

## 第三章　报账程序

**第七条**　土地治理项目资金采取直接报账的方式，即报账资金直接支付给项目施工单位、物资设备供应商等开具原始票据的单位。

**第八条** 土地治理项目开工时，施工单位根据中标通知书、承包合同等提出用款申请，经县级农发机构和财政部门审核同意后，预付部分工程启动资金（原则上不得超过该项目财政资金总额的百分之三十）。

项目建设过程中，施工单位凭原始凭证及阶段性工程结算单分批报账，经工程监理单位核实、县级农发机构和财政部门审核同意后支付资金。

项目完工后，应及时办理竣工决算并进行决算审计，经工程监理单位核实、县级农发机构和财政部门验收合格后，及时支付其余的工程款项（工程质量保证金除外）。

**第九条** 实行政府采购的物资设备，由供货单位依据政府采购合同、物资设备签收单等提出申请，经县级农发机构和财政部门审核同意后支付资金。

**第十条** 土地治理项目工程管护资金严格按规定比例计提，随项目下达到县的科技推广费在规定比例内安排使用，由工程管护主体和科技推广单位提出申请，经县级农发机构和财政部门审核同意后，凭合法有效的原始凭证进行报账。

**第十一条** 产业化经营项目中的财政补助资金，原则上应采取直接报账的方式。项目建设单位先行垫付资金实施的项目，可将报账资金支付至项目建设单位。

项目建设单位应在自筹资金落实到位、项目总投资完成过半的情况下提出报账申请，经县级农发机构和财政部门核实后予以报账。实行先建后补的地区，可以待项目全部完工，经县级农发机构和财政部门验收合格后再予以报账。

**第十二条** 贷款贴息资金，由项目建设单位凭有关合法有效凭证据实报账，经县级农发机构和财政部门审核同意，及时将资金支付至项目建设单位。

**第十三条** 项目建设或施工单位按规定程序提交报账申请后，如无正当理由，县级农发机构和财政部门应在三十日内审核完毕，并按照国库管理制度的有关规定及时支付资金。

## 第四章　报账凭证管理

**第十四条** 土地治理项目报账，除提供报账申请单、税务发票等凭证外，还应当根据项目不同阶段提供有关资料。

在预付工程启动资金时，应当提供中标通知书、承包合同、开工报告；在项目建设过程中支付工程或设备款时，应当提供阶段性工程结算单、工程监理报告、物资设备购销合同及签收单；在项目完工支付工程款时，应当提供工程竣工决算及审计报告、工程监理报告、竣工验收合格报告；在支付工程管护资金时，应当提供工程管护合同；在支付科技推广费时，应当提供科技推广方案。

**第十五条** 产业化经营财政补助项目报账应当提供：报账申请单、项目建设进度验收单、支出明细表和税务发票等原始凭证原件。县级农发机构和财政部门审核无误后，应在项目建设单位提供的原件上加盖"农业综合开发财政已补助"印章，并将原件退回项目建设单位，县级财政部门留复印件入账（采取直接报账方式的，县级财政部门可保留原件入账）。报账凭证的日期可追溯至省级农发机构向国家农业综合开发办公室申请立项备案的截止日（项目可行性研究、初步设计、环境评估等前期费用除外）。

**第十六条** 贷款贴息项目报账应当提供：银行借款合同、贷款到位凭证、利息结算单、利息支付凭证原件等。县级农发机构和财政部门审核无误后，应在项目建设单位提供的利息支付凭证上加盖"农业综合开发财政已贴息"印章,并将原件退回项目建设单位,县级财政部门留复印件入账。

第十七条 县级财政部门必须严格审查报账凭证的真实性、合法性、有效性和完整性。对下列不符合要求的支出,不予报账。

(一)未列入农业综合开发年度项目计划的支出;

(二)经县级农发机构或工程监理单位核实未按照承包合同和经批准的设计方案施工的项目支出;

(三)经工程监理部门核实工程建设质量存在问题,未按照工程监理要求改进到位的项目支出;

(四)虚报冒领、与事实不符的支出;

(五)违反农业综合开发资金管理制度及其他财经制度的支出。

## 第五章 监督检查

第十八条 县级财政部门、农发机构和项目建设单位要建立健全监督制约机制,共同做好报账工作,并积极配合审计部门进行资金检查。

第十九条 县级以上财政部门和农发机构,要加强对县级报账工作的指导、检查,及时发现和解决问题。

第二十条 对县级报账工作中出现的违纪违规问题,除责令改正外,要依照有关规定,区别不同情况予以处理。

## 第六章 附 则

第二十一条 省、市级直属的部门项目资金,可在同级财政部门或农口主管部门报账,并比照本办法执行。

第二十二条 省、市级农发机构集中安排和管理的项目资金,可比照本办法在省、市级财政部门报账。

第二十三条　地方财政单独扶持的农业综合开发项目财政资金的报账，可参照本办法执行。

第二十四条　各省、自治区、直辖市、计划单列市财政厅（局）可根据本实施办法规定，结合当地实际情况制定实施细则，并报财政部备案。

第二十五条　本办法自 2011 年 7 月 1 日起开始执行，财政部 2011 年 6 月 12 日印发的《农业综合开发资金报账实施办法》（财发〔2001〕11 号）同时废止。

# 农业基本建设项目管理办法

中华人民共和国农业部令

第 39 号

《农业基本建设项目管理办法》已经 2004 年 6 月 14 日农业部第 22 次常务会议审议通过，现予发布，自 2004 年 9 月 1 日起施行。

农业部部长

二〇〇四年七月十二日

## 第一章 总 则

**第一条** 为加强农业基本建设项目管理，规范项目建设程序和行为，提高项目建设质量和投资效益，根据国家有关规定，制定本办法。

**第二条** 本办法适用于农业部管理的基本建设投资及其项目的申请、安排、实施和监督管理。

**第三条** 农业基本建设投资实行统一计划，集中管理，分工负责，分级实施的管理体制。

**第四条** 农业部负责制定农业基本建设投资计划，审批基本建设项目，管理基本建设项目的基建财务、招标投标、工程监理、竣工验收及监督检查等工作。

省级人民政府农业行政主管部门负责本辖区农业基本建设项目的规划布局、前期工作、组织实施、配套资金、监督检查等工作。

**第五条** 农业基本建设项目实行领导责任制。

各级农业行政主管部门负责人对本辖区农业建设项目的实施负领导责任。

项目建设单位的法定代表人对项目申报、实施、质量、资金管理及建成后的运行等负总责。

项目勘察设计、施工、监理等单位法定代表人按照各自职责对所承建项目的工程质量负终身责任。

**第六条** 农业基本建设要严格遵循基本建设程序。

基本建设程序包括提出项目建议书、编制可行性研究报告、进行初步设计、施工准备、建设实施、竣工验收、后评价等阶段。

小型和限额以下项目，可根据实际需要适当合并简化程序。

**第七条** 县级以上人民政府农业行政主管部门要加强农业基本建设管理队伍的建设，定期培训基本建设管理人员，提高项目管理水平。

# 第二章 项目前期工作

**第八条** 农业基本建设项目必须严格按基本建设程序做好前期工作。

项目前期工作包括项目建议书、可行性研究报告、初步设计的编制、申报、评估及审批，以及提出开工报告、列入年度计划、完成施工图设计、进行建设准备等工作。

**第九条** 项目建设单位根据建设需要提出项目建议书。项目建议书必须对项目建设的必要性、可行性、建设地点选择、建设内容与规模、投资估算及资金筹措，以及经济效益、生态效益和社会效益估计等作出初步说明。

项目建议书应由建设单位或建设单位委托有相应工程咨询资质的机构编写。

**第十条** 项目建议书批准后，建设单位在调查研究和分析论证项目技术可行性和经济合理性的基础上，进行方案比选，并编制可行性研究报告。

可行性研究报告的主要内容包括总论、项目背景、市场供求与行业发展前景分析、地点选择与资源条件分析、工艺技术方案、建设方案与内容、投资估算与资金筹措、建设期限与实施计划、组织机构与项目定员、环境评价、效益与新增能力、招标方案、结论与建议等。

农业建设项目可行性研究报告应由具有相应工程咨询资质的机构编写。技术和工艺较为简单、投资规模较小的项目可由建设单位编写。

**第十一条** 项目可行性研究报告批准后，建设单位可组织编制初步设计文件。项目初步设计文件根据项目可行性研究报告内容和审批意见，以及有关建设标准、规范、定额进行编制，主要包括设计说明、图纸、主要设备材料用量表和投资概算等。

项目初步设计文件批准后，可进行施工图设计。

初步设计和施工图设计文件应由具有相应工程设计资质的机构编制，并达到规定的深度。

**第十二条** 重要农业基本建设项目的项目建议书、可行性研究报告在审批前，由农业部发展计划司会同有关行业司局统一组织评估。具体工作委托有相应工程咨询资质的机构承担。

农业部根据项目建议书、可行性研究报告评估结果、投资政策、投资规模、以往项目执行情况对项目进行审查，按照审批权限办理项目建议书、可行性研究报告审批。

**第十三条** 农业部和省级人民政府农业行政主管部门按照以下权限对初步设计进行评估和审批：

地方和直属直供垦区承担的中央投资 600 万元以上的项目，以及农业部直属单位承担的项目，由农业部评估和审批；中央投资 600 万元以下的项目，由省级人民政府农业行政主管部门评估和审批，批复文件抄报农业部备案。

**第十四条** 项目可行性研究报告总投资变更超过批准的项目建议书总投资 10%以上，或初步设计概算总投资变更超过批准的可行性研究报告总投资 10%以上的，要重新向原审批机关报批项目建议书或可行性研究报告；施工图预算总投资变更超过批准的初步设计概算总投资 5%以上的，要重新向原审批机关报批初步设计文件。

**第十五条** 各级农业行政主管部门要规范农业基本建设申报审批程序，明确职责，提高项目科学决策水平。

农业基本建设项目申报审批管理规定由农业部另行制定。

# 第三章　投资计划

**第十六条** 农业部根据国家固定资产投资、基本建设项目管理、农业产业和农村经济发展有关法律、法规和政策，编制农业基本建设投资计划，并组织实施。

第十七条 农业基本建设投资主要用于需要中央投资建设的公益性、基础性和示范引导性农业项目。农业基本建设投资原则上须形成新的固定资产和生产（业务）能力，不得将下列项目列入农业基本建设投资计划：

（一）投资在5万元以下（含5万元）的零星单台（件）设备、仪器、器具购置和单项土建工程项目；

（二）按规定由生产费用、行政费用，科研、教育、培训、技术推广及其他行政、事业、外事费用列支的项目；

（三）未按规定完成前期工作、前期工作深度不够或未按规定程序申报和审批的项目；

（四）其他按照国家有关规定不能在中央预算内基本建设投资中安排的项目或列支的费用。

第十八条 农业部发展计划司在综合有关司局意见的基础上，于每年第三季度编制下一年度农业基本建设投资计划草案，经农业部常务会议审议通过后，报国家发展和改革委员会。

农业部发展计划司在国家发展和改革委员会安排农业部年度投资计划总量内，于每年4月底前编制本年度农业基本建设投资计划总体方案，报农业部常务会议审定。

第十九条 建设项目必须在完成全部前期工作，并按规定程序获得批准后，方可列入年度投资计划。

农业基本建设项目投资计划按建设进度统一分批下达。

第二十条 农业基本建设投资必须专款专用，任何单位、组织和个人不得挤占、挪用、截留和滞留。

第二十一条 项目建设过程中因客观原因造成的超概算投资，必须经农业部发展计划司审核并报部领导批准后，方可追加投资。

建设过程中因申报漏项、自行变更建设性质和地点、提高建设标准、扩大建设规模以及管理不善等造成的超概算投资，由建设单位自行负责，一律不再追加投资。

# 第四章　项目实施

**第二十二条**　农业基本建设项目的实施必须严格执行招标投标、工程监理、合同管理及竣工验收制度。

农业基本建设项目的工程建设要坚持先勘察、后设计、再施工的原则，严禁边勘察、边设计、边施工。

**第二十三条**　农业基本建设项目的勘察、设计、施工、监理和与工程建设有关的重要仪器、设备、材料的采购要依法实行招标。

符合下列条件之一的农业基本建设项目必须进行公开招标，确需邀请招标或不进行招标的必须经项目审批部门批准：

（一）施工单项合同估算价在 200 万元人民币以上的；

（二）仪器、设备、材料采购单项合同估算价在 100 万元人民币以上的；

（三）勘察、设计、监理等服务的采购，单项合同估算价在 50 万元人民币以上的；

（四）单项合同估算低于本条第二款（一）、（二）、（三）项规定的标准，但项目总投资额在 3000 万元人民币以上的。

农业基本建设项目招标投标管理规定由农业部另行制定。

**第二十四条**　农业基本建设项目的施工依照有关规定由具备相应资质的监理单位进行监理。

土建或田间工程总投资在 100 万元以上的农业基本建设项目，或房屋类建筑面积在 1000 平方米以上的农业基本建设项目，必须由监理单位进行监理。

第二十五条　建设单位应严格审查监理单位的资质，依照有关规定确定相应资质的监理单位承担农业基本建设项目的工程监理工作。

第二十六条　监理机构受建设单位委托，对工程质量、投资使用、建设进度等内容进行监督管理。监理机构必须严格遵守工程建设和监理的有关法律、法规、标准和技术规范，独立履行监督职责。

第二十七条　农业基本建设项目的勘察、设计、施工、监理、设备材料采购都要依法订立合同，明确质量要求、履约担保和违约责任。

第二十八条　建设单位要按规定通过招标确定施工单位。建设单位必须将工程发包给具有相应资质的施工单位，不得将工程肢解发包、转包和违法分包，不得迫使承包方以低于成本的价格竞标，不得任意压缩合理工期。

第二十九条　建设单位必须在项目纳入农业部年度投资计划并下达第一次项目投资计划后的 6 个月内开工。因故不能按期开工的，必须向农业部发展计划司申请延期开工；延期以两次为限，每次不超过 3 个月。农业部第一次下达项目投资计划后，既不开工又不申请延期，或者因故不能按期开工超过 6 个月的，农业部将暂停下达项目投资计划，责令限期整改；整改达不到要求的，撤销建设项目，收回已下达的投资。

第三十条　建设单位必须严格执行审批文件，不得擅自变更建设地点、建设性质、建设内容、建设规模、建设标准等。确因客观原因需变更的项目，按程序向原项目审批单位申请办理变更。

第三十一条　建设单位要督促施工单位和监理机构履行职责，加强对施工各环节的质量监控，确保工程建设质量。

建设单位要会同监理机构监督施工单位严格按照设计图纸、

施工标准和规范进行施工，督促施工单位建立健全工程质量保证体系、现场工程质量自检制度、重要结构部位和隐蔽工程质量预检复检制度。

建设单位要建立健全设备材料质量检查制度，严禁施工单位使用不合格或不符合设计和施工规定的材料和设备。

第三十二条　建设单位必须建立健全基本建设资金管理制度，严格执行国家有关基本建设财务管理的规定。

建设资金必须按规定专账管理，专款专用。

第三十三条　建设单位必须按照批准文件规定的期限完成各项建设内容。

项目建成后，项目所在地省级人民政府农业行政主管部门、农业部行业司局和发展计划司，按照项目隶属关系、职能分工和审批权限，及时组织项目的竣工验收，并对重点建设项目做好后评价工作。

农业基本建设项目竣工验收管理规定由农业部另行制定。

第三十四条　项目验收合格后，建设单位要及时办理竣工财务决算审批，并根据批复的竣工财务决算，办理固定资产移交手续。

对项目建设形成的固定资产，未经项目原审批机关及国有资产管理部门审批同意，任何单位不得随意变更用途或擅自处置。

第三十五条　建设单位应按照国家有关规定建立健全项目档案，及时收集、整理、归档从项目提出到工程竣工验收各环节的文件资料，并在项目竣工验收后，及时按规定将全部档案移交有关部门。

# 第五章　监督管理

第三十六条　县级以上人民政府农业行政主管部门，按照职责分工依法加强项目监督检查，确保工程质量、建设进度和资金的合理、安全使用，提高投资效益。

建设单位要配合有关部门做好项目监督检查工作。

第三十七条　农业部根据需要组织农业基本建设项目的专项检查。

省级人民政府农业行政主管部门和农业部直属单位要定期组织项目检查。

农业建设项目监督检查规定由农业部另行制定。

第三十八条　县级以上人民政府农业行政主管部门对年度投资计划执行不力，不履行基本建设程序，擅自变更建设地点、建设性质、建设内容、建设标准和投资规模，挤占、挪用、截留、滞留建设资金或不落实配套资金，以及有其他严重问题的项目和单位，视情节轻重采取限期整改、通报批评、停止拨款、撤销项目、收回投资、停止安排新建项目等措施，并建议追究有关单位责任人的责任。

第三十九条　农业部建立农业基本建设项目管理信息系统。省级人民政府农业行政主管部门和农业部直属单位要定期报送有关项目信息。

# 第六章　附　则

第四十条　本办法所称农业基本建设项目，是指全部或部分使用农业部管理的基本建设投资，以扩大生产（业务）能力或新增工程效益、增强农业发展后劲和事业发展能力为主要目的而实施的新建、改扩建、续建工程项目。主要包括种植业、畜牧业、渔业、农垦、农机、乡镇企业等行业的项目，以及农业部管理的科研教育、生态环保、农村能源、社会化服务、市场、信息、质量安全等项目。

**第四十一条** 本办法所称农业基本建设投资，是指农业部安排的用于农业基本建设项目的资金，包括中央预算内基本建设资金、中央预算内专项（国债）资金，以及地方人民政府和建设单位与之配套的项目建设资金。

**第四十二条** 本办法所称省级人民政府农业行政主管部门，是指各省、自治区、直辖市、计划单列市人民政府及新疆生产建设兵团直属的农业（农牧、农林）、畜牧、渔业（海洋渔业）、农垦、农机、乡镇企业等主管部门。

**第四十三条** 本办法所称"以上"包括本数。

**第四十四条** 本办法自 2004 年 9 月 1 日起施行。《农业部基本建设计划管理办法》（农计发〔2002〕17 号）同时废止。

# 附 录

## 农业部关于印发《农业基本建设项目申报审批等管理规定》的通知

农计发〔2004〕10号

各省、自治区、直辖市及计划单列市农业、畜牧、水产、农机、农垦、乡镇企业厅（局、委），新疆生产建设兵团，有关直属单位：

根据《农业部基本建设项目管理办法》（中华人民共和国农业部令第39号），我部制定了《农业基本建设项目申报审批管理规定》、《农业基本建设项目招标投标管理规定》、《农业基本建设项目竣工验收管理规定》、《农业建设项目监督检查规定》等四个管理规定，业经农业部2004年第22次常务会议审议通过。现印发给你们，请遵照执行。

二〇〇四年七月十四日

# 农业基本建设项目申报审批管理规定

**第一条** 为加强农业基本建设项目管理，规范项目申报审批程序，明确职责分工，提高项目决策水平，根据《农业基本建设项目管理办法》及有关规定，制定本规定。

**第二条** 本规定适用于农业部管理的农业基本建设项目的申报、评估、审批与计划管理等工作。

**第三条** 农业部发展计划司负责贯彻落实国家关于固定资产投资和基本建设项目管理的法规、政策，起草农业基本建设计划管理的有关规章制度和管理办法并监督执行，提出年度农业基本建设投资计划总体方案和项目前期工作计划，统一审批基本建设项目，下达年度投资计划，归口管理农业基本建设项目的勘察设计、招标投标、工程监理、监督检查及竣工验收等工作。

农业部财务司负责农业基本建设项目的基建财务管理，监督检查项目资金使用情况，审核、审批直属单位项目竣工财务决算。

农业部行业司局负责提出本行业投资计划建议，初选本行业基本建设项目，根据授权审批初步设计概算，组织本行业项目的实施，管理本行业项目的勘察设计、招标投标、工程监理、日常监督检查及竣工验收等工作。

省级人民政府农业行政主管部门负责本辖区农业基本建设项目的管理，包括统一规划布局，开展项目前期工作，组织项目申报，根据委托审批项目初步设计与概算，组织项目实施和竣工验收，落实地方配套资金，监督检查项目资金使用、勘察设计、工程监理、招标投标、施工建设等。

**第四条** 农业基本建设项目的申报、审批与投资计划下达，坚持先开展前期研究、后申报项目，先专家评估论证、后进行决策，先审批项目、后下达投资计划的原则。

第五条　农业部发展计划司根据国家关于固定资产投资管理的规定及国家发展和改革委员会、国务院机关事务管理局等国家投资主管部门的具体要求，结合农业行业发展的需要和农业部的中心工作，在综合部内行业司局意见的基础上，编制年度项目投资指南，报部常务会议或部领导审定后发布。

项目投资指南应主要包括年度投资方向和项目重点领域，目标任务和区域布局原则，主要建设内容和建设规模，以及投资控制规模等。

项目投资指南于每年第四季度由农业部发展计划司统一印发各省级人民政府农业行政主管部门及有关直属直供垦区，指导相关单位开展项目前期工作。

第六条　地方及直属直供垦区申报的项目，其项目建议书、可行性研究报告等项目文件，由省级人民政府农业行政主管部门和直属直供垦区以计字号文报农业部，分送农业部发展计划司和有关行业司局。

农业部直属单位基本建设项目的项目建议书、可行性研究报告、初步设计等项目文件，由各单位内的投资计划管理机构会同业务管理机构组织编制和审查，以计字号文报农业部，分送农业部发展计划司和有关行业司局。

第七条　立项评估和初步设计评审原则上应委托有相应工程咨询资质的机构承担。评估（评审）机构组织专家按类别对项目进行评审。每个项目应由工程、技术、经济等方面的专家提出独立审查意见，评估（评审）机构综合专家意见后形成对项目的评审意见。

农业部发展计划司制定项目立项评估办法和评估标准，会同行业司局统一组织项目建议书、可行性研究报告的评估工作。包括统一从农业部基本建设项目专家库中抽取并确定评估专家，统一评估细则、时间和地点等。

中央投资600万元以上（含600万元）的地方和直属直供垦区承担项目的初步设计，由农业部行业司局负责评审；中央投资600万元以下的项目，由省级人民政府农业行政主管部门负责评审。农业部直属单位基本建设项目的方案设计、初步设计与概算由农业部发展计划司负责评审。

项目评估（评审）费用根据实际支出由农业行政主管部门负担。

**第八条** 经专家评估通过的行业项目，由农业部行业司局进行初选，向农业部发展计划司提出年度项目总体安排意见及初选项目（包括项目名称、建设单位、建设地点、详细建设内容与规模、投资估算与来源、建设期限、新增能力及其他有关内容）。

**第九条** 农业部发展计划司根据投资可能、项目评估结果和行业司局的初选意见，对项目进行审查和综合平衡。对限额以上或需国家发展和改革委员会、国务院机关事务管理局等相关部门审定同意后再由我部审批的限额以下项目，按程序报送国家发展和改革委员会、国务院机关事务管理局等相关部门审批或审定；对由农业部审批的中央投资600万元以上（含600万元）的项目，经部常务会议审定后，报主管部长审批立项；对中央投资600万元以下的项目，报主管部长审批立项。

项目建议书、可行性研究报告的批复文件，由农业部发展计划司主办，有关行业司局会签，报部领导签发，以农业部文件下达。

**第十条** 地方及直属直供垦区承担项目的初步设计，中央投资600万元以上（含600万元）的，由农业部行业司局根据项目评估意见，办理批复文件；中央投资在600万元以下的，由各省级人民政府农业行政主管部门审批，同时抄报农业部发展计划司和行业司局。农业部直属单位基本建设项目的初步设计由发展计划司或委托相关部门根据项目评审意见办理批复文件。

农业部初步设计批复文件以办公厅文件下达。

**第十一条** 基本建设项目一经农业部批准，必须严格按照审批文件执行，不得擅自变更项目建设地点、建设性质、建设单位、建设内容、降低工程（货物）质量、压缩投资规模等。

**第十二条** 确因客观原因需进行重大变更的项目，应当重新向农业部报批可行性研究报告。有下列情形之一的属重大变更：

（一）变更建设地点的；

（二）变更建设性质的；

（三）变更建设单位的；

（四）变更建设内容、建设标准、建设规模导致项目主要使用（服务）功能发生变化的；

（五）初步设计概算的总投资变更超过立项批复总投资 10%以上（含 10%）的，或者实施过程中投资变动超过批准的项目总投资 10%以上（含 10%）的。

**第十三条** 施工图预算总投资变更超过批准的初步设计概算总投资 5%以上的，须向原审批部门重新报批初步设计。

**第十四条** 有下列情形之一的，须向原审批部门申请批准：

（一）变更建设期限；

（二）变更招标方案；

（三）变更建设内容、建设标准、建设规模，但不属于本规定第十二条第四项情形的；

（四）变更初步设计概算的总投资超过立项批复总投资 10%以下的，或者实施过程中投资变动超过批准的项目总投资 10%以下的；

（五）其它变更。

**第十五条**　完成可行性研究报告、初步设计审批的项目，可列入农业部基本建设投资计划，并按项目建设进度下达年度投资。

对农业部利用中央预算内投资安排的建设内容比较简单、中央投资规模小于 100 万元（不含 100 万元）的地方和直属直供垦区的项目，可适当简化、合并相关程序。由农业部有关行业司局根据项目申请文件，直接提出项目计划安排意见（要列明具体建设内容和规模），报农业部发展计划司综合平衡后，列入年度投资计划。

**第十六条**　本办法所称农业部行业司局是指农业部内管理的种植业、畜牧业、渔业、农垦、农机化、乡镇企业等司（局）。

**第十七条**　本办法自 2004 年 9 月 1 日起施行。

# 农业基本建设项目招标投标管理规定

## 第一章 总 则

**第一条** 为加强农业基本建设项目招标投标管理，确保工程质量，提高投资效益，保护当事人的合法权益，根据《中华人民共和国招标投标法》等规定，制定本规定。

**第二条** 本规定适用于农业部管理的基本建设项目的勘察、设计、施工、监理招标，仪器、设备、材料招标以及与工程建设相关的其他招标活动。

**第三条** 招标投标活动必须遵循公开、公平、公正和诚实信用的原则。

**第四条** 招标投标活动一般应按照以下程序进行：

（一）有明确的招标范围、招标组织形式和招标方式，并在项目立项审批时经农业部批准。

（二）自行招标的应组建招标办事机构，委托招标的应选择由代理资质的招标代理机构。

（三）编写招标文件。

（四）发布招标公告或招标邀请书，进行资格审查，发放或出售招标文件，组织投标人现场踏勘。

（五）接受投标文件。

（六）制订具体评标方法或细则。

（七）成立评标委员会。

（八）组织开标、评标。

（九）确定中标人。

（十）向项目审批部门提交招标投标的书面总结报告。

（十一）发中标通知书，并将中标结果通知所有投标人。

（十二）签订合同。

## 第二章　行政管理

**第五条**　农业部发展计划司归口管理农业基本建设项目的招标投标工作，主要职责是：

（一）依据国家有关招标投标法律、法规和政策，研究制定农业基本建设项目招标投标管理规定；

（二）审核、报批项目招标方案；

（三）指导、监督、检查农业基本建设项目招标投标活动的实施；

（四）受理对农业建设项目招标投标活动的投诉并依法做出处理决定；督办农业基本建设项目招标投标活动中的违法违规行为的查处工作；

（五）组建和管理农业基本建设项目评标专家库；

（六）组织重大农业基本建设项目招标活动。

**第六条**　农业部行业司局负责本行业农业基本建设项目招标投标管理工作，主要职责是：

（一）贯彻执行有关招标投标的法律、法规、规章和政策；

（二）指导、监督、检查本行业基本建设项目招标投标活动的实施；

（三）推荐农业基本建设项目评标专家库专家人选。

**第七条**　省级人民政府农业行政主管部门管理本辖区内农业基本建设项目招标投标工作，主要职责是：

（一）贯彻执行有关招标投标的法律、法规、规章和政策；

（二）受理本行政区域内对农业基本建设项目招标投标活动的投诉，依法查处违法违规行为；

（三）组建和管理本辖区内农业基本建设项目评标专家库；

（四）指导、监督、检查本辖区内农业基本建设项目招标投标活动的实施，并向农业部发展计划司和行业司局报送农业基本建设项目招标投标情况书面报告；

（五）组织本辖区内重大农业工程建设项目招标活动。

## 第三章 招 标

**第八条** 符合下列条件之一的农业基本建设项目必须进行公开招标：

（一）施工单项合同估算价在 200 万元人民币以上的；

（二）仪器、设备、材料采购单项合同估算价在 100 万元人民币以上的；

（三）勘察、设计、监理等服务的采购，单项合同估算价在 50 万元人民币以上的；

（四）单项合同估算低于第（一）、（二）、（三）项规定的标准，但项目总投资额在 3000 万元人民币以上的。

**第九条** 第八条规定必须公开招标的项目，有下列情形之一的，经批准可以采用邀请招标：

（一）项目技术性、专业性较强，环境资源条件特殊，符合条件的潜在投标人有限的；

（二）受自然、地域等因素限制，实行公开招标影响项目实施时机的；

（三）公开招标所需费用占项目总投资比例过大的；

（四）法律法规规定的其他特殊项目。

**第十条** 符合第八条规定必须公开招标的项目，有下列情况之一的，经批准可以不进行招标：

（一）涉及国家安全或者国家秘密不适宜招标的；

（二）勘察、设计采用特定专利或者专有技术的，或者其建筑艺术造型有特殊要求不宜进行招标的；

（三）潜在投标人为三家以下，无法进行招标的；

（四）抢险救灾及法律法规规定的其他特殊项目。

**第十一条** 任何单位和个人不得将依法必须招标的项目化整为零或者以其他任何方式规避招标。

**第十二条** 必须进行招标的农业基本建设项目应在报批的可行性研究报告（项目建议书）中提出招标方案。符合第十条规定不进行招标的项目应在报批可行性研究报告时提出申请并说明理由。

招标方案包括以下主要内容：

（一）招标范围。说明拟招标的内容及估算金额。

（二）招标组织形式。说明拟采用自行招标或委托招标形式，自行招标的应说明理由。

（三）招标方式。说明拟采用公开招标或邀请招标方式，邀请招标的应说明理由。

**第十三条** 农业基本建设项目的招标人是提出招标项目、进行招标的农业系统法人或其他组织。

招标人应按审批部门批准的招标方案组织招标工作。确需变更的，应报原审批部门批准。

**第十四条** 农业基本建设项目招标应当具备以下条件：

（一）勘察、设计招标条件

1. 可行性研究报告（项目建议书）已批准；

2. 具备必要的勘察设计基础资料。

（二）监理招标条件

初步设计已经批准。

（三）施工招标条件

1. 初步设计已经批准；

2. 施工图设计已经完成；

3. 建设资金已落实；

4. 建设用地已落实，拆迁等工作已有明确安排。

（四）仪器、设备、材料招标条件

1. 初步设计已经批准；

2. 施工图设计已经完成；

3. 技术经济指标已基本确定；

4. 所需资金已经落实。

**第十五条** 自行招标的招标人应具备编制招标文件和组织评标的能力。招标人自行招标应具备的条件：

（一）具有与招标项目规模和复杂程度相应的工程技术、概预算、财务和工程管理等方面专业技术力量；

（二）有从事同类工程建设项目招标的经验；

（三）设有专门的招标机构或者拥有三名以上专职招标业务人员；

（四）熟悉和掌握招标投标法及有关法规规章。

**第十六条** 委托招标是指委托有资质的招标代理机构办理招标事宜。招标人不具备第十五条规定条件的，应当委托招标。

承担农业基本建设项目招标的代理机构必须是国务院建设行政主管部门认定的招标代理机构，其资质等级应与所承担招标项目相适应。

招标代理机构收费标准按国家规定执行。

**第十七条** 采用公开招标的项目，招标人应当在国家发展和改革委员会指定的媒介或建设行政主管部门认定的有形建筑市场发布招标公告。招标公告不得限制潜在的投标人的数量。

采用邀请招标的项目，招标人应当向三个以上单位发出投标邀请书。

**第十八条** 招标公告或投标邀请书应当载明招标人名称和地址、招标项目的基本要求、投标人的资格要求以及获取招标文件的方法等事项。招标人应当对招标公告或投标邀请书的真实性负责。

**第十九条** 招标人可以对潜在投标人进行资格审查，并提出资格审查报告，经参审人员签字后存档备查，并将审查结果告知潜在投标人。

在一个项目中，招标人应当以相同条件对所有潜在投标人的资格进行审查，不得以任何理由限制或者排斥部分潜在投标人。

**第二十条** 招标人或招标代理机构应当按照国家有关规定和项目的批复编制招标文件。

（一）勘察、设计招标文件主要内容包括：

1. 工程基本情况。包括工程名称、性质、地址、占地面积、建筑面积等；

2. 投标人须知。主要应包括接受投标报名、投标人资格审查、发售招标文件、组织招标答疑、踏勘工程现场、接受投标、开标等招标程序的规定和日程安排，投标人资格的要求，投标文件的签署和密封要求，投标保证金（保函）、履约保证金（保函）等方面的规定；

3. 已获批准的可行性研究报告（项目建议书）；

4. 工程经济技术要求；

5. 有关部门确定的规划控制条件和用地红线图；

6. 可供参考的工程地质、水文地质、工程测量等建设场地勘察成果报告；

7. 供水、供电、供气、供热、环保、市政道路等方面的基础资料；

8. 招标答疑、踏勘现场的时间和地点；

9. 投标文件内容和编制要求；

10. 评标标准和方法；

11. 投标文件送达的截止时间；

12. 拟签订合同的主要条款；

13. 未中标方案的补偿办法。

（二）监理招标文件主要内容包括：

1. 工程基本情况。包括工程建设项目名称、性质、地点、规模、用地、资金等；

2. 投标人须知。主要包括接受投标报名、投标人资格审查、发售招标文件、组织招标答疑、踏勘工程现场、接受投标、开标等招标程序的规定和日程安排，投标人资格的要求，投标文件的签署和密封要求，投标保证金（保函）、履约保证金（保函）等；

3. 施工图纸；

4. 投标文件内容和编制要求；

5. 评标标准和方法；

6. 拟签订合同的主要条款及合同格式。

7. 工程监理技术规范或技术要求。

（三）施工招标文件主要内容包括：

1. 工程基本情况。包括工程建设项目名称、性质、地点、规模、用地、资金等方面的情况；

2. 投标人须知。主要包括接受投标报名、投标人资格审查、发售招标文件、组织招标答疑、踏勘工程现场、接受投标、开标等招标程序的规定和日程安排，投标人资格的要求，投标文件的签署和密封要求，投标保证金（保函）、履约保证金（保函）等方面的规定；

3. 招标内容和施工图纸；

4. 投标文件内容和编制要求；

5. 工程造价计算方法和工程结算办法；

6. 评标标准和方法；

7. 拟签订合同的主要条款及合同格式。

（四）仪器、设备、材料招标文件应与主管部门批复的设备清单和概算一致，包括的主要内容有：

1. 项目基本情况。包括工程建设项目名称、性质、资金来源等方面的情况；

2. 投标人须知。主要包括接受投标报名、投标人资格审查、发售招标文件、组织招标答疑、澄清或修改招标文件、接受投标、开标等招标程序的规定和日程安排，投标人资格、投标文件的签署和密封、投标有效期，投标保证金（保函）、履约保证金（保函）等方面的规定；

3. 招标内容及货物需求表；

4. 投标文件内容和编制要求。应包括投标文件组成和格式、投标报价及使用货币，投标使用语言及计量单位、投标人资格证明文件、商务或技术响应性文件等方面内容和规定；

5. 拟签署合同的主要条款和合同格式；

6. 投标文件格式，包括投标书、开标报价表、投标货物说明表、技术响应表、投标人资格证明、授权书、履约保函等投标文件的格式；

7. 评标标准和方法；

8. 招标人对拟采购仪器（设备、材料）的技术要求；

9. 仪器（设备、材料）招标文件一般应按照商务部分、技术部分分别编制。

**第二十一条** 农业部直属单位重点项目的招标文件，须经农业部发展计划司委托有关工程咨询单位进行技术审核后方可发出。

**第二十二条** 招标人对已发出的招标文件进行必要澄清或者修改的，应当在招标文件要求提交投标文件截止时间至少 15 日前，以书面形式通知所有招标文件收受人。该澄清或者修改的内容为招标文件的组成部分。

**第二十三条** 依法必须进行招标的项目，自招标文件发售之日至停止发售之日，最短不得少于 5 个工作日。自招标文件停止发出之日至投标人提交投标文件截止日，最短不应少于 20 个工作日。

**第二十四条** 招标文件应按其制作成本确定售价，一般应控制在 2000 元以内。

**第二十五条** 招标文件应当明确投标保证金金额，一般不超过合同估算价的千分之五，但最低不得少于 1 万元人民币。

## 第四章 投标和开标

**第二十六条** 投标人是响应招标、参加投标竞争的法人或者其他组织。农业基本建设项目的投标人应当具备相应资质或能力。

**第二十七条** 投标人应当按照招标文件的要求编制投标文件，并在招标文件规定的投标截止时间之前密封送达招标人。在投标截止时间之前，投标人可以撤回已递交的投标文件或进行修改和补充，但应当符合招标文件的要求。

**第二十八条** 两个或两个以上单位联合投标的，应当按资质等级较低的单位确定联合体资质（资格）等级。招标人不得强制投标人组成联合体共同投标。

**第二十九条** 投标人应当对递交的投标文件中资料的真实性负责。投标人在递交投标文件的同时，应当缴纳投标保证金。招标人收到投标文件后，应当签收保存，不得开启。

**第三十条** 开标应当在招标文件确定的提交投标文件截止时间的同一时间公开进行；开标地点应当为招标文件中预先确定的地点。

在投标截止时间前提交投标文件的投标人少于三个的，不予开标。

**第三十一条** 开标由招标人主持，邀请所有投标人参加。开标人员至少由主持人、监标人、开标人、唱标人、记录人组成，上述人员对开标负责。

**第三十二条** 开标一般按以下程序进行：

（一）主持人在招标文件确定的时间停止接收投标文件，开始开标；

（二）宣布开标人员名单；

（三）确认投标人法定代表人或授权代表人是否在场；

（四）宣布投标文件开启顺序；

（五）依开标顺序，先检查投标文件密封是否完好，再启封投标文件；

（六）宣布投标要素，并作记录，同时由投标人代表签字确认；

（七）对上述工作进行记录，存档备查。

## 第五章 评标和中标

**第三十三条** 评标由招标人依法组建的评标委员会负责。

评标委员会应由招标人代表和有关技术、经济方面的专家组成；成员人数为五人以上单数，其中技术、经济等方面的专家不得少于成员总数的三分之二。

**第三十四条** 评标委员会专家应从评标专家库中随机抽取。

技术特别复杂、专业性要求特别高或者国家有特殊要求的招标项目，采取随机抽取方式确定的专家难以胜任的，经农业部发展计划司同意可以直接确定。

评标委员会成员名单在中标结果确定前应当保密。

**第三十五条** 仪器、设备、材料招标中，参与制定招标文件的专家一般不再推选为同一项目的评标委员会成员。

**第三十六条** 评标委员会设主任委员 1 名，副主任委员 1—2 名。主任委员应由具有丰富评标经验的经济或技术专家担任，副主任委员可由专家或招标人代表担任。评标委员会在主任委员领导下开展评标工作。

**第三十七条** 评标工作按以下程序进行：

（一）招标人宣布评标委员会成员名单并确定主任委员；

（二）招标人宣布评标纪律；

（三）在主任委员主持下，根据需要成立有关专业组和工作组；

（四）招标人介绍招标文件；

（五）评标人员熟悉评标标准和方法；

（六）评标委员会对投标文件进行形式审查；

（七）经评标委员会初步评审，提出需投标人澄清的问题，经二分之一以上委员同意后，通知投标人；

（八）需要书面澄清的问题，投标人应当在规定的时间内，以书面形式送达评标委员会；

（九）评标委员会按招标文件确定的评标标准和方法，对投标文件进行详细评审，确定中标候选人推荐顺序；

（十）经评标委员会三分之二以上委员同意并签字，通过评标委员会工作报告，并附往来澄清函、评标资料及推荐意见等，报招标人。

**第三十八条** 设计、施工、监理评标之前应由评标委员会以外的工作人员将投标文件中的投标人名称、标识等进行隐蔽。

**第三十九条** 评标委员会对各投标文件进行形式审查，确认投标文件是否有效。对有下列情况之一的投标文件，可以拒绝或按无效标处理：

（一）投标文件密封不符合招标文件要求；

（二）逾期送达；

（三）未按招标文件要求加盖单位公章和法定代表人（或其授权人）的签字（或印鉴）；

（四）招标文件要求不得标明投标人名称，但投标文件上标明投标人名称或有任何可能透露投标人名称信息的；

（五）未按招标文件要求编写或字迹模糊导致无法确认关键技术方案、关键工期、关键工程质量保证措施、投标价格；

（六）未按规定交纳投标保证金；

（七）招标文件载明的招标项目完成期限超过招标文件规定的期限；

（八）明显不符合技术规格、技术标准要求；

（九）投标文件载明的货物包装方式、检验标准和方法不符合招标文件要求；

（十）不符合招标文件规定的其它实质性要求或违反国家有关规定；

（十一）投标人提供虚假资料。

**第四十条** 评标委员会应按照招标文件中载明的评标标准和方法进行评标。在同一个项目中，对所有投标人采用的评标标准和方法必须相同。

**第四十一条** 评标委员会应从技术、商务方面对投标文件进行评审，包括以下主要内容：

（一）勘察、设计评标

1. 投标人的业绩和资信；

2. 人力资源配备；

3. 项目主要承担人员的经历；

4. 技术方案和技术创新；

5. 质量标准及质量管理措施；

6. 技术支持与保障；

7. 投标价格；

8. 财务状况；

9. 组织实施方案及进度安排。

（二）监理评标

1. 投标人的业绩和资信；

2. 项目总监理工程师及主要监理人员经历；

3. 监理规划（大纲）；

4. 投标价格；

5. 财务状况。

（三）施工评标

1. 施工方案（或施工组织设计）与工期；

2. 投标价格；

3. 施工项目经理及技术负责人的经历；

4. 组织机构及主要管理人员；

5. 主要施工设备；

6. 质量标准、质量和安全管理措施；

7. 投标人的业绩和资信；

8. 财务状况。

（四）仪器、设备、材料评标

1. 投标价格；

2. 质量标准及质量管理措施；

3. 组织供应计划；

4. 售后服务；

5. 投标人的业绩和资信；

6. 财务状况。

**第四十二条** 评标方法可采用综合评估法或经评审的最低投标价法。

**第四十三条** 中标人的投标应当符合下列条件之一：

（一）能够最大限度地满足招标文件中规定的各项综合评价标准；

（二）能够满足招标文件的实质性要求，并且经评审的投标价格最低；但是投标价格低于成本的除外。

**第四十四条** 评标委员会经评审，认为所有投标都不符合招标文件要求的，可以否决所有投标。

所有投标被否决的，招标人应当重新组织招标。

**第四十五条** 评标委员会应向招标人推荐中标候选人，并明确排序。招标人也可以授权评标委员会直接确定中标人。

**第四十六条** 招标人在确定中标人时，必须选择评标委员会排名第一的中标候选人作为中标人。排名第一的中标候选人放弃中标，因不可抗力提出不能履行合同，或者未在招标文件规定期限内提交履约保证金的，招标人可以按次序选择后续中标候选人作为中标人。

**第四十七条** 依法必须进行招标的项目，招标人应当自确定中标人之日起7个工作日内向省级农业行政主管部门（地方和直属直供垦区承担的项目）、农业部有关行业司局（农业部直属单位承担的行业项目）或农业部发展计划司（农业部直属单位承担的基础设施建设项目）提交招标投标情况的书面报告。书面报告一般应包括以下内容：

（一）招标项目基本情况；

（二）投标人情况；

（三）评标委员会成员名单；

（四）开标情况；

（五）评标标准和方法；

（六）废标情况；

（七）评标委员会推荐的经排序的中标候选人名单；

（八）中标结果；

（九）未确定排名第一的中标候选人为中标人的原因；

（十）其它需说明的问题。

**第四十八条**　农业行政主管部门接到报告 7 个工作日无不同意见，招标人应向中标人发出中标通知书，并同时将中标结果通知所有未中标的投标人。

中标通知书发出后，招标人改变中标结果的，或者中标人放弃中标项目的，应当依法承担法律责任。

**第四十九条**　招标文件要求中标人提交履约保证金或其他形式履约担保的，中标人应当按规定提交；拒绝提交的，视为放弃中标项目。

**第五十条**　招标人和中标人应当自中标通知书发出之日起三十日内，按照招标文件和中标人的投标文件订立书面合同。招标人和中标人不得再行订立背离合同实质性内容的其它协议。

**第五十一条**　招标人与中标人签订合同后五个工作日内，应当向中标人和未中标人一次性退还投标保证金。勘察设计招标文件中规定给予未中标人经济补偿的，也应在此期限内一并给付。

**第五十二条**　定标工作应当在投标有效期结束日三十个工作

日前完成。不能如期完成的，招标人应当通知所有投标人延长投标有效期。同意延长投标有效期的投标人应当相应延长其投标担保的有效期，但不得修改投标文件的实质性内容。拒绝延长投标有效期的投标人有权收回投标保证金。招标文件中规定给予未中标人补偿的，拒绝延长的投标人有权获得补偿。

第五十三条　有下列情形之一的，招标人应当依照本办法重新招标：

（一）在投标截止时间前提交投标文件的投标人少于三个的；

（二）资格审查合格的投标人不足三个的；

（三）所有投标均被作废标处理或被否决的；

（四）评标委员会否决不合格投标或者界定为废标后，有效投标不足三个的；

（五）根据第五十二条规定，同意延长投标有效期的投标人少于三个的；

（六）评标委员会推荐的所有中标候选人均放弃中标的。

第五十四条　因发生本规定第五十三条第（一）、（二）项情形之一重新招标后，仍出现同样情形，经审批同意，可以不再进行招标。

## 第六章　附　则

第五十五条　各级农业行政主管部门按照规定的权限受理对农业基本建设项目招标投标活动的投诉，并按照国家发展和改革委员会等部门发布的《工程建设项目招标投标活动投诉处理办法》，处理或会同有关部门处理农业建设项目招投标过程中的违法活动。

对于农业基本建设项目招标投标活动中出现的违法违规行为，

依照《中华人民共和国招标投标法》和国务院的有关规定进行处罚。

**第五十六条**　本规定所称勘察、设计招标，是指招标人通过招标方式选择承担该建设工程的勘察任务或工程设计任务的勘察、设计单位的行为。

本规定所称监理招标，是指招标人通过招标方式选择承担建设工程施工监理任务的建设监理单位的行为。

本规定所称施工招标，是指招标人通过招标方式选择承担建设工程的土建、田间设施、设备安装、管线敷设等施工任务的施工单位的行为。

本规定所称仪器、设备、材料招标，是指招标人通过招标方式选择承担建设工程所需的仪器、设备、建筑材料等的供应单位的行为。

**第五十七条**　农业部直属单位自筹资金建设项目参照本规定执行。

**第五十八条**　本规定自 2004 年 9 月 1 日起施行。

# 农业基本建设项目竣工验收管理规定

## 第一章 总 则

**第一条** 为加强农业基本建设项目管理，规范项目竣工验收程序，提高工程质量和投资效益，依据《农业基本建设项目管理办法》及有关规定，制定本规定。

**第二条** 农业基本建设项目竣工验收是对项目建设及资金使用等进行的全面审查和总结。

**第三条** 凡农业部审批的部分或全部利用中央预算内资金（含国债资金）新建、改建、扩建的农业基本建设项目，须按本规定组织项目竣工验收工作。

国家对有关建设项目的竣工验收有特殊规定的，从其规定。

## 第二章 职责分工

**第四条** 地方及农业部直属直供垦区承担的项目，按以下分工分别组织验收：

（一）中央投资规模在 3000 万元以上（含 3000 万元）的项目，由农业部发展计划司牵头组织竣工验收。

（二）中央投资规模在 3000 万元以下、600 万元以上（含 600 万元）的项目，由农业部行业司局牵头组织竣工验收，并将验收结果报送农业部发展计划司。

（三）中央投资规模在 600 万元以下的项目，由省级人民政府农业行政主管部门组织竣工验收。验收结果以计字号文报农业部发展计划司及行业司局。

**第五条** 农业部直属单位承担的项目，按以下分工分别组织验收：

（一）直属单位承担的行业基本建设项目（包括种植业、畜牧业、渔业、农垦、农机、乡镇企业等行业项目），中央投资规模在 1000 万元以上（含 1000 万元）的，由发展计划司组织验收；中央投资规模在 1000 万元以下 200 万元以上（含 200 万元）的，由相应行业司局组织验收；中央投资规模在 200 万元以下的，由建设单位组织验收，并将验收结果报上一级计划主管部门。

（二）直属单位承担的本单位基础设施项目（不含行业发展项目），中央投资规模在 200 万元以上（含 200 万元）的，由农业部发展计划司组织竣工验收；中央投资规模在 200 万元以下的，由建设单位负责组织验收，并将验收结果报农业部发展计划司。

## 第三章 竣工验收条件和内容

**第六条** 申请竣工验收的项目必须具备下列条件：

（一）完成批准的项目可行性研究报告、初步设计和投资计划文件中规定的各项建设内容；

（二）系统整理所有技术文件材料并分类立卷，技术档案和施工管理资料齐全、完整。包括：项目审批文件和年度投资计划文件，设计（含工艺、设备技术）、施工、监理文件，招投标、合同管理文件，基建财务档案（含账册、凭证、报表等），工程总结文件，勘察、设计、施工、监理等单位签署的质量合格文件，施工单位签署的工程保修证书，工程竣工图；

（三）土建工程质量经当地建设工程质量监督机构备案；

（四）主要工艺设备及配套设施能够按批复的设计要求运行，

并达到项目设计目标；

（五）环境保护、劳动安全卫生及消防设施已按设计要求与主体工程同时建成并经相关部门审查合格；

（六）工程项目或各单项工程已经建设单位初验合格；

（七）编制了竣工决算，并经有资质的中介审计机构或由当地审计机关审计。必要时竣工决算审计由项目验收组织单位委托中介审计机构进行竣工决算审计。

**第七条** 农业基本建设项目竣工验收的主要内容：

（一）项目建设总体完成情况。建设地点、建设内容、建设规模、建设标准、建设质量、建设工期等是否按批准的可行性研究报告和初步设计文件建成。

（二）项目资金到位及使用情况。资金到位及使用是否符合国家有关投资、财务管理的规定。包括中央投资、地方配套及自筹资金到位时间、实际落实情况，资金支出及分项支出范畴及结构情况，项目资金管理情况（包括专账独立核算、入账手续及凭证完整性、支出结构合理性等），材料、仪器、设备购置款项使用及其它各项支出的合理性。

（三）项目变更情况。项目在建设过程中是否发生变更，是否按规定程序办理报批手续。

（四）施工和设备到位情况。各单位工程和单项工程验收合格纪录。包括建筑施工合格率和优良率，仪器、设备安装及调试情况，生产性项目是否经过试产运行，有无试运转及试生产的考核、记录，是否编制各专业竣工图。

（五）执行法律、法规情况。环保、劳动安全卫生、消防等设施是否按批准的设计文件建成，是否合格，建筑抗震设防是否符合规定。

（六）投产或者投入使用准备情况。组织机构、岗位人员培训、物资准备、外部协作条件是否落实。

（七）竣工决算情况。是否按要求编制了竣工决算，出具了合格的审计报告。

（八）档案资料情况。建设项目批准文件、设计文件、竣工文件、监理文件及各项技术文件是否齐全、准确，是否按规定归档。

（九）项目管理情况及其他需要验收的内容。

## 第四章　竣工验收程序与组织

**第八条**　建设项目在竣工验收之前，先由建设单位组织施工、监理、设计及使用等有关单位进行初验。初验前由施工单位按照国家规定，整理好文件、技术资料，向建设单位提出交工报告。建设单位接到报告后，应及时组织初验。初验不合格的工程不得报请竣工验收。

**第九条**　初验合格并具备竣工验收条件后，建设单位应在15个工作日内向省级人民政府农业行政主管部门提出竣工验收申请报告。省级人民政府农业行政主管部门在收到竣工验收申请报告后，根据验收权限组织项目竣工验收或审核后以"计"字号文转报农业部有关司局申请竣工验收。

**第十条**　竣工验收申请报告应依照竣工验收条件对项目实施情况进行分类总结，并附初步验收结论意见、工程竣工决算、审计报告。

竣工验收申请报告应规范、完整、真实，装订成册。

**第十一条**　竣工验收的组织

（一）省级人民政府农业行政主管部门、农业部行业司局和发展计划司，按照项目隶属关系和职能分工，在收到项目竣工验收申请报告后，对具备竣工验收条件的项目，在60日内组织竣工验收。

（二）竣工验收要组成验收组。验收组由验收组织单位、相关部门及工艺技术、工程技术、基建财会等方面的专家组成。成员人数为 5 人以上（含 5 人）单数，其中工程、技术、经济等方面的专家不得少于成员总数的三分之二。

验收组可根据项目规模和复杂程度分成工程、投资、工艺、财会等验收小组，分别对相关内容进行验收。

建设单位、使用单位、施工单位、勘察设计、工程监理等单位应当配合验收工作。

（三）验收组要听取各有关单位的项目建设工作报告，查阅工程档案、财务账目及其它相关资料，实地查验建设情况，充分研究讨论，对工程设计、施工和工程质量等方面作出全面评价。

**第十二条** 验收组通过对项目的全面检查和考核，与建设单位交换意见，对项目建设的科学性、合理性、合法性做出评价，形成竣工验收报告，填写竣工验收表。

竣工验收报告由以下主要内容组成：项目概况，资金到位、使用及财务管理情况，土建及田间工程情况，仪器设备购置情况，制度建设、操作规程及档案情况，项目实施与运行情况，项目效益与建设效果评价，存在的主要问题，验收结论与建议。

**第十三条** 竣工验收报告和竣工验收表由竣工验收组三分之二以上成员签字，报送项目验收组织单位。

农业部行业司局或省级人民政府农业行政主管部门须将竣工验收报告和竣工验收表报送农业部发展计划司，并输入农业建设项目信息管理系统。

**第十四条** 对验收合格的建设项目，验收组织单位核发由农业部统一印制的竣工验收合格证书。对不符合竣工验收要求的建设项目不予验收，由验收组织单位提出整改要求，限期整改。

无法整改或整改后仍达不到竣工验收要求的，由验收组织单位将验收情况报农业部发展计划司，按照《农业部建设项目监督检查规定》有关规定进行处理。

农业部发展计划司统一管理并发放竣工验收合格证书。发放竣工验收合格证书须具备验收组织单位报送的项目竣工验收报告、竣工验收表、竣工验收合格证书申领文件。

**第十五条** 中央投资低于 50 万元的项目，竣工验收组织部门可以视情况简化验收程序，但须将验收报告和竣工验收表报农业部备案。

## 第五章 附 则

**第十六条** 省级人民政府农业行政主管部门和农业部行业司局可以根据本规定和行业特点制定竣工验收实施细则。

**第十七条** 竣工项目（工程）通过验收后，建设单位应及时办理固定资产移交手续，加强固定资产管理。

**第十八条** 本规定自 2004 年 9 月 1 日起实施。

**附件**

## 农业基本建设项目竣工验收表

项目名称：＿＿＿＿＿＿＿＿＿＿＿＿＿＿＿＿＿＿

建设单位名称：＿＿＿＿＿＿＿＿＿＿＿＿＿＿＿

建设项目省级主管部门：＿＿＿＿＿＿＿＿＿＿＿

验收组织单位（公章）：＿＿＿＿＿＿＿＿＿＿＿

填报时间：　　年　月　日

### 中华人民共和国农业部　制

## 一、项目基本情况表

| | |
|---|---|
| 设项目名称： | |
| 建设单位： | |
| 建设单位法定代表人： | 电话： |
| 建设单位联系地址： | 邮编： |
| 项目立项审批文号、时间： | |
| 初步设计审批部门、文号、时间： | |
| 是否组织初验： | 项目初验时间： |
| 建设单位申请竣工验收时间： | 竣工验收日期： |
| 竣工验收组织单位： | 联系人：　　　电话： |
| 竣工验收组组长：　　单位：　　职务：　　电话： | |

## 二、建设内容完成情况

| | |
|---|---|
| 复建设地点： | 实际建设地点： |
| 批复建设期限： | 实际建设期限： |
| 初步设计（或可研）批复的建设内容及规模[1]： | |
| 完成的建设内容及规模： | |
| 未完成的建设内容及规模： | |
| 重大变更： | |
| 非重大变更： | |
| 履行基本建设程序情况： | |
| 竣工验收组评价：<br>　　　　　　　　　　　　　　　　专家签字： | |

1　没有编制初步设计的按可研批复填报；对合并简化程序批复的建设项目按计划下达建设内容填报。

三、建设项目管理情况

| 设计 | 步设计编制单位：　　　　　　资质： |
| --- | --- |
| | 设计范围和内容是否完整： |
| | 设计是否规范： |
| | 初步设计对可研批复的调整是否符合规定： |
| 施工承包 | 土建工程[2]单位：　　　　　　资质： |
| | 田间工程单位：　　　　　　资质： |
| | 设备安装单位：　　　　　　资质： |
| | 有无工程肢解发包、转包、违法发包问题： |
| 建设质量[3] | 建筑工程验收评定结果： |
| | 田间工程验收评定结果： |
| | 设备安装与运行验收评定结果： |
| | 竣工图完成情况： |
| | 土建工程质量备案情况： |
| | 土建工程是否符合规划报建程序： |
| | 工程有无重大质量问题： |
| 法人责任制 | 项目法人责任制实施情况（班子、人员、制度建立、工作业绩等）： |
| 合同制 | 应签而未签订合同情况[4]： |
| | 合同文本规范情况： |
| | 合同执行情况： |
| 投标制 | 招投标制执行情况： |
| 监理制[5] | 监理单位：　　　　　　资质： |
| | 监理范围： |
| | 监理内容： |

续表

| 执行法 | 环保： | | 消防： |
| | 劳动安全卫生： | | 抗震设防： |
| | 其他国家强制性法规执行情况： | | |
| 竣工验收组评价： | | | |
| | | | 专家签字： |

2 渔港等项目包括水工。以下同。

3 工程质量评定主要依据单位工程验收结果（由设计、施工、监理或建设单位认可的验收记录）。

4 指设计、施工、监理等类型的合同。

5 主要考察三控制（质量、工期、造价监理）、二管理（资料信息、合同管理）、一协调（协调施工、设计各方关系）落实情况。

## 四、资金[6]的使用情况

| 立项批复情况 | 总投资： 其中：中央投资： 地方配套： 自筹资金： |
| | 建筑工程： 田间工程： 仪器、设备： 其他： |
| 初步设计批复 | 总计： 其中：建筑工程： 田间工程： 仪器、设备： |
| | 工程建设其他费用： 其他： |
| 资金到位情况 | 总计： 其中：中央投资 省财政： |
| | 地、县级财政： 自有资金： 其他（请注明）： |
| 投资完成情况 | 总计： 建筑工程： 田间工程： |
| | 仪器、设备： 工程建设其他费用： 其他： |
| 形成资产 | 固定资产： 其他资产： 核销支出： |
| 竣工决算审计 | 类型 | 社会中介审计 | 内部审计 | 政府审计部门 |
| | 单位 | | 资质： | |
| | 委托审计内容是否规范： | | | |
| | 审计结论是否规范： | | | |

续表

| 概算调整和审批程序是否符合规定： |
|---|
| 财务制度建立及会计行为规范情况： |
| 资金专帐管理、专款专用情况： |
| 截留、挤占、挪用、侵占、套取建设资金情况： |
| 竣工验收组评价： |
| 专家签字： |

6 资金单位均为万元。

7 仅指社会中介审计

## 五、项目文件管理情况

| | 文件类型 | 管理情况[8] | | 文件类型 | 管理情况 |
|---|---|---|---|---|---|
| 项<br>目<br>前<br>期<br>产<br>生<br>的<br>资<br>料 | 项目立项申请报告 | | 执<br>行<br>阶<br>段<br>产<br>生<br>的<br>资<br>料 | 隐蔽工程验收记录 | |
| | 项目建议书或可研报告 | | | 建材、仪器设备质量、试验记录 | |
| | 项目立项批准文件 | | | 设备安装施工纪录 | |
| | 有关决议、领导讲话、会议记录 | | | 工程质量事故报告及处理纪录 | |
| | 征用土地、拆迁、补偿等文件 | | | 分部、分项工程质量评定记录及单位工程质量综合评定表 | |
| | 工程地质（水文、气象）勘查报告 | | | 其它（施工日记） | |

续表

| | | | | | |
|---|---|---|---|---|---|
| 项目前期产生的资料 | 初步设计、施工图设计图纸、概预算及批复文件 | | 竣工阶段产生的资料 | 竣工图 | |
| | 向地方报建的批准文件 | | | 施工单位报送甲方的竣工验收申请报告 | |
| | 仪器设备采购合同及招投标文件 | | | 初验报告 | |
| | 土建发包合同、协议、招投标文件 | | | 初验会议文件、会议决定 | |
| | 规划、消防、环保、劳动等部门审核文件 | | | 竣工决算 | |
| 执行阶段产生的资料 | 开工报告（大型项目） | | | 竣工决算审计报告 | |
| | 工程测量定位记录 | | | 工程建设总结和工作报告 | |
| | 图纸会审、技术交底 | | | 竣工项目验收申请报告 | |
| | 施工组织设计等 | | 其他 | | |
| | 基础处理、基础工程施工文件材料 | | | | |
| | 设备试运转报告 | | | | |
| 竣工验收组对资料归档情况的评价： | | | | | |
| | | | | 专家签字： | |

8 可用有、无或完整、不完整等表述。

六、竣工验收意见

| 竣工验收结论： |
| --- |
| 专家组组长、副组长签字： |

| 建设单位意见⁹： | 竣工验收组织单位意见： |
| --- | --- |
| （盖章）<br><br>　　　　　年　月　日 | （盖章）<br><br>　　　　　年　月　日 |

9　建设单位应签署意见。如建设单位拒绝签署意见，验收组应在竣工验收报告中说明各自意见及分歧原因。

七、参加竣工验收人员名单及签名

| 姓名 | 单位 | 职务、职称 | 电话 | 签名 |
| --- | --- | --- | --- | --- |
|  |  |  |  |  |
|  |  |  |  |  |
|  |  |  |  |  |
|  |  |  |  |  |
|  |  |  |  |  |
|  |  |  |  |  |
|  |  |  |  |  |
|  |  |  |  |  |

# 农业建设项目监督检查规定

## 第一章 总 则

**第一条** 为规范农业建设项目监督检查工作，保证项目资金安全，提高建设质量和效益，依据《农业基本建设项目管理办法》、《农业部基本建设财务管理办法》和《农业综合开发项目和资金管理办法》及相关规定，制定本规定。

**第二条** 本规定适用于农业部和省级人民政府农业行政主管部门组织的监督检查。

**第三条** 项目检查工作应当坚持客观、公正、实事求是的原则。

**第四条** 对农业部组织的监督检查工作，地方各级农业行政主管部门及项目建设单位应当予以配合。

**第五条** 检查人员必须依法办事，遵守廉洁自律有关规定，不得参与、干预被检查单位与项目无关的工作或经营管理活动。

检查人员必须保守国家秘密和被检查单位的商业秘密。

**第六条** 监督检查工作经费不得在项目中列支。

**第七条** 各级农业主管部门应当建立农业建设项目社会公开监督制度，主动接受社会监督。

## 第二章 职责分工

**第八条** 农业部发展计划司归口管理农业建设项目监督检查工作，负责起草相关工作制度，编制年度检查方案，统一部署检查，组织建设项目专项检查，通报检查结果，提出违规问题处理意见并监督整改。

**第九条** 农业部行业司局和部直属单位，负责本行业或本单位建设项目监督检查、整改等具体工作，并于每年二月底前，将上年度本行业或本单位项目检查情况报农业部发展计划司。

**第十条** 省级人民政府农业行政主管部门负责组织本辖区内建设项目监督检查，监督建设单位开展项目自查，并根据项目整改要求，组织落实整改措施，完成各项整改工作。

省级人民政府农业行政主管部门负责人对本辖区农业项目监督检查负领导责任。

## 第三章 监督检查内容

**第十一条** 项目程序检查。检查项目是否按基本建设程序组织实施。

**第十二条** 前期工作检查。检查项目立项报批是否符合规定；初步设计是否由具有相应资质的单位编制，内容是否与立项批复衔接，审批是否符合权限、规范、及时；施工图是否按照有关规定及初步设计批复要求编制；是否按有关规定履行项目报建程序。

**第十三条** 施工检查。检查建设单位是否按照批复的建设内容和期限组织施工，是否存在肢解发包、转包、违法分包现象；施工单位是否具备相应资质，施工技术方案和施工机械设备、技术人员、施工方法、安全控制、设备材料使用、工程进度是否符合要求。

**第十四条** 工程质量检查。检查建设单位是否建立设备材料质量检查制度；施工单位是否建立工程质量保证体系和现场工程质量自检、重要结构部位和隐蔽工程质量预检复检制度；监理单位是否有完善的质量管理体系和监理大纲并严格履行监理职责；施工单位和监理单位是否落实质量责任制；工程质量是否符合设计要求，是否达到验收标准，是否出现过重大质量事故。

**第十五条** 项目资金检查。检查项目的资金来源是否符合有关规定，资金计划（包括地方配套资金）下达、拨付、到位情况；概算控制措施是否落实，概算审批和调整是否符合国家有关规定；实行专户储存、专帐核算、专款专用情况；资金的使用是否符合概算和有关规定，支付是否按照合同执行；项目单位的财务制度是否健全，财务管理是否规范，有无套取、挤占、挪用、截留、滞留资金，有无虚列工程资金支出、白条抵账、虚假会计凭证和大额现金支付；项目竣工决算审计等。

**第十六条** 招标投标及合同检查。检查是否按批准的招标方案组织招投标；招投标运作是否规范；合同是否合法、严密、规范；是否履行合同。

**第十七条** 项目组织机构检查。检查建设单位是否建立项目建设组织机构，是否有完善的规章制度，是否配备专职人员、是否对项目建设全过程依法实施有效监督、管理。

**第十八条** 开工条件检查。检查初步设计及概算是否已经批复，建设资金是否落实，施工组织设计是否编制，施工招标和监理招标是否完成，施工图设计是否完成，建设用地和主要设备材料是否落实。

**第十九条** 工程监理检查。检查监理单位是否具备相应资质，现场监理人员数量和素质是否符合合同约定，监理手段和措施是否满足工程建设要求。

**第二十条** 竣工验收检查。检查竣工验收程序是否规范，相关文件材料和档案是否齐全和规范，主要结论和意见是否符合实际情况，竣工验收后是否及时办理固定资产移交手续。

**第二十一条** 项目运行情况检查。检查项目是否能正常运行并达到预期效果。

## 第四章 监督检查程序

**第二十二条** 农业部建立农业基本建设项目管理信息系统。省级人民政府农业行政主管部门和农业部直属单位要定期报送监督检查信息。

**第二十三条** 农业部在组织项目检查前，一般应将检查工作方案通知相关省级人民政府农业行政主管部门或部直属单位。

**第二十四条** 项目检查可采取下列方式：

（一）听取项目建设单位及相关单位汇报，进行询问和质疑；

（二）查阅、摘录、复制有关文件资料、档案、会计资料；

（三）实地查看项目实施情况；

（四）召开相关人员座谈会，核实情况。

检查组应当做好检查工作的有关会议和谈话内容记录，对检查中发现的问题，要备留资料来源及证据；检查结束时应当与建设单位和主管部门交换意见。

**第二十五条** 检查工作结束后，检查组应当及时形成项目检查总报告和分项目报告。主要内容包括：

（一）前期工作情况及分析评价；

（二）计划下达与执行情况及分析评价；

（三）建设管理情况及分析评价；

（四）资金使用和监管情况及分析评价；

（五）工程质量情况及分析评价；

（六）项目管理经验和存在的主要问题，以及相应整改建议。

## 第五章　检查结果处理

**第二十六条**　对于项目监督检查中发现的违纪、违规问题，农业部根据情节轻重采取以下处理措施：

（一）责令限期整改；

（二）通报批评；

（三）暂停拨付中央预算内资金；

（四）冻结项目资金；

（五）暂停项目建设；

（六）撤销项目、收回项目资金；

（七）减少或暂停安排所在地和项目单位新建项目。

对违纪、违法人员，农业部建议有关地方和部门进行查处并追究相关责任。

**第二十七条**　对于责令限期整改和通报的项目，农业部发出整改通知或通报，明确整改内容、整改期限及相关要求。

项目整改单位要按照整改要求完成整改工作，并在规定期限内将整改结果报农业部发展计划司和相应行业司局。

农业部在收到整改情况报告后，组织项目整改复查。对复查合格的项目予以书面确认，对于整改不力的，按照本办法第二十六条予以处理。

**第二十八条** 对管理制度健全、执行程序规范、投资效益显著的项目单位和地方，农业部给予通报表扬，并在年度投资及项目安排时给予倾斜。

## 第六章　附　则

**第二十九条** 本规定所称农业建设项目，是指农业部管理的农业基本建设项目和农业综合开发项目。

**第三十条** 本规定自 2004 年 9 月 1 日起施行。

# 农业建设项目检查工作细则

为规范农业建设项目检查行为，提高项目检查工作的质量和效率，根据农业部《农业基本建设项目管理办法》、《农业部基本建设财务管理办法》、《农业建设项目监督检查规定》和《农业投资项目廉政检查办法》等规章，特制定本细则。本细则适用于农业部组织或委托的农业建设项目现场检查。对于一些建设内容简单的项目，可视情况简化相应内容。

一、检查程序

（一）准备工作阶段

1、制定检查工作方案。检查组织单位负责制定项目检查工作方案，并由该单位领导审核。检查工作方案内容包括：

（1）明确检查对象，确定组织方式。

（2）提出检查日程安排。

（3）组成检查组，指定负责人，确定聘请专家。

（4）进行组内分工，明确工作任务。

（5）提出有关工作要求等。

2、组成检查组。检查组织单位会同有关单位，聘请相关专家共同组成检查组，检查组对检查组织单位负责。检查组织单位根据需要可对检查人员进行集中培训，并提出工作要求。

3、下发检查通知。向被检查项目的省级农业行政主管部门或部直属单位下发项目检查通知。要求项目建设单位和主管部门做好以下准备工作：

（1）总结项目实施情况，填写农业建设项目基本情况表、农业建设项目计划完成对照表。

（2）保证项目建设单位负责人、主要执行人员和财务人员在项目现场。

（3）整理项目档案和财务资料。

（4）保证检查组能够现场核实。

4、收集背景材料。主要有项目建议书、可行性研究报告和初步设计申报及其批复文件；项目有关变更、招投标等申报和批复文件；有关项目管理规章制度、项目实施情况报告、有关检查（稽察）材料、有关举报和反映情况材料等。

（二）现场检查阶段

1、了解项目总体情况。检查组听取项目建设单位及相关单位关于项目实施和管理情况的汇报，并对有关情况进行询问和质疑。

2、查阅项目档案。对项目前期工作的相关文件、施工图、报建手续、招投标资料、合同、项目实施和管理制度等进行查阅。

3、核查建设项目财务情况。检查组对财务管理制度、会计账簿、会计凭证和其他会计资料进行核查。根据初步设计批复的建设内容，逐项核对项目资金控制情况。

4、实地查看项目实施情况。检查组到项目建设现场，按照有关批复，核对建设地点、主要建设内容、建设规模、建设标准、建设性质，工程质量、建设进度、项目功能、环保和消防措施，以及仪器设备（包括农机装备、材料等，下同）数量、型号、安装、调试、使用管理等情况。

5、核实有关事实。检查组应对检查中发现的问题，逐一进行核实。主要方法：

（1）召开座谈会，或找相关人员质询，并做好记录。

（2）有关事实取证。财务问题要将相应的会计资料进行取证，其他问题也要有相应的证明资料（包括纸质影印件、照片、录像、录音等）或有关实物证据。纸质取证材料须由项目有关负责人签字并加盖公章。

（3）补充情况说明。对涉嫌违规取证困难的问题，检查组应要求项目建设单位或项目主管部门提交相应的书面说明材料，必须由项目负责人签字和项目建设单位盖章。

（4）确认检查事实。在项目现场检查结束前，检查组将有关事实填写到《农业建设项目检查事实记录表》（附表7），并交被检查单位进行确认，对检查事实记录无异议的，被查单位和项目法人负责人要签字盖章；对事实记录提出异议的，被查单位应提供书面说明和相关证明材料。

6、交换检查意见。项目现场检查工作结束后，检查组要对项目总体情况进行认真总结，找准存在的主要问题，并分析原因。在此基础上，检查组要与项目建设单位和有关主管部门交换检查情况。

（三）检查结果处理阶段

1、提交报告。检查组提交《项目检查报告》，及专业技术、工程、财务等专家检查意见和有关取证材料，以及检查工作表（附表1-7）。

2、专题汇报。检查组织单位会同有关司局听取检查组的工作汇报及建议，并商定检查结果处理意见。

3、下发检查结果。检查组织单位承办项目检查情况通知、整改通知、通报。

二、检查内容

项目检查内容原则上按《农业建设项目检查要点》执行。

三、检查要求

（一）检查组要求

1、检查组组成。按照回避制度要求组成检查组，保证检查工作公正公平。检查组一般由3人以上组成，包括工程、专业技术、计划和财务等方面的专家。检查组成员应按分工要求，完成各种检查表格的填写，按时完成交办的工作，并对检查组负责。

2、检查组工作方式。在检查工作中，按照充分沟通，统一意见的原则，组长适时召集组内成员，沟通情况，分析问题，提出初步意见和建议。

3、检查人员纪律。检查人员必须依法办事，遵守廉洁自律有关规定。不得参与、干预被检查单位与项目无关的工作或经营管理活动。检查人员必须保守国家秘密和被检查单位的商业秘密。

项目检查工作中获得的所有资料和信息，属检查组织单位所有，任何人不得擅自公开、引用和留存。

（二）现场检查交换意见要求

现场检查结束后，由检查组组长向项目建设单位和项目主管部门交换检查工作意见。交换意见主要内容有两个方面：

（1）项目组织实施的总体情况，好的做法和经验。

（2）项目实施和管理中存在的主要问题。

（三）项目检查报告要求

检查组要按照客观、公正、实事求是的原则，对项目检查作出结论。

1、专家检查意见。按照分工，有关专家要按时完成专业技术、工程、财务等专家检查意见。

——《专业技术专家检查意见》。主要内容包括：主要建设内容完成情况，项目的核心技术和功能是否达到批复要求，相应的技术规范和管理制度是否健全，以及存在的问题和相应的建议等。

——《工程管理专家检查意见》。主要内容：

（1）工程质量评价。

（2）项目批复执行情况，包括建设内容、建设地点、建设标准、建设性质等情况。

（3）组织招投标及勘察设计、工程监理等情况。

（4）工程管理相关制度和报建手续情况。

（5）工程发包和签约、各项专业验收和工程竣工验收、建设项目档案归集整理等情况。

（6）存在的主要问题及解决的建议。

——《财务检查专家检查意见》。主要内容：

（1）项目资金计划及到位情况（包括配套资金和自筹资金）。

（2）项目资金银行账户、专账及财务管理情况。

（3）项目资金支出使用情况。

（4）对所发现的问题，要提出违反的法律、法规和规章名称，以及具体条款，并说明其问题的性质。

（5）提出整改工作建议等。

涉及到重大违规问题时，均要取证，并作为专题报告的附件。

2、项目检查报告。检查工作结束后，检查组应当及时提交项目检查报告。主要内容包括：

（1）项目检查工作概述。简要说明项目检查对象、工作安排，以及检查工作方法等。

（2）项目总体情况。主要包括：

① 项目建议书、可行性研究报告、初步设计等报批情况和批复内容。

② 项目批复执行情况，包括项目主要建设内容、建设性质、建设地点、建设年限等。

③ 项目实施管理情况，包括执行基本建设管理程序、项目组织管理机构和"四制"落实等。

④ 建设工程质量情况。

⑤ 项目资金管理情况，包括资金筹措和到位情况，概算控制情况，资金使用和管理情况，以及执行专户储存、专账核算、专款专用情况等。

⑥ 项目竣工验收、交付使用及运行情况。

⑦ 项目建设和管理的做法和经验。

（3）项目实施和管理中存在的问题。从项目执行基建管理程序、执行批复、建设进度、招投标及合同管理、工程质量、财务管理和资金控制、项目功能以及项目管理等方面查找违规问题，初步分析产生问题的原因。

（4）整改初步意见。针对项目单位存在的违规问题，提出相应的整改意见，明确整改工作要求。

（5）工作建议。针对建设项目存在的共性问题，进行分析研究，并提出完善项目决策，加强项目监管，提高管理效能的初步建议。

100万元以下的小型农业建设项目可适当简化检查程序和内容。